湖北省教育厅哲学社会科学研究重大项目（14zd022）

反倾销下的中国纺织品服装 贸易及海外扩张策略

China's Textile and Apparel Trade and Overseas Expansion Strategy under Anti-dumping

周　灏　著

中国纺织出版社有限公司

内 容 提 要

　　本书将中国的纺织品服装贸易、反倾销、国际竞争力、产业安全等相结合,运用社会学研究方法、协同演化理论,采用规范研究和实证研究结合,对中国在全球纺织品服装贸易网络中的地位、中国纺织品服装的国际竞争力、反倾销与国际竞争力协同演化下中国纺织服装业的产业安全、海外扩张策略等多方面内容进行了研究,并得出了相关的结论。

　　本书适合高等院校和科研院所的相关领域师生和科研工作者阅读,也可供各级政府的相关决策和咨询部门人员以及从事纺织品服装外贸出口的广大纺织服装企业人员学习、参考和借鉴。

图书在版编目 (CIP) 数据

　　反倾销下的中国纺织品服装贸易及海外扩张策略/周灏著. --北京:中国纺织出版社有限公司, 2020.2
　　ISBN 978-7-5180-6920-0

　　Ⅰ. ①反… Ⅱ. ①周… Ⅲ. ①纺织品—对外贸易—反倾销—研究—中国 ②服装—对外贸易—反倾销—研究—中国 Ⅳ. ①F752.658

　　中国版本图书馆 CIP 数据核字 (2019) 第 238480 号

策划编辑:范雨昕　　责任编辑:胡　蓉
责任校对:王花妮　　责任印制:何　建

中国纺织出版社有限公司出版发行
地址:北京市朝阳区百子湾东里 A407 号楼　邮政编码:100124
销售电话:010—67004422　传真:010—87155801
http://www.c-textilep.com
官方微博 http://weibo.com/2119887771
三河市宏盛印务有限公司印刷　各地新华书店经销
2020 年 2 月第 1 版第 1 次印刷
开本:710×1000　1/16　印张:7.75
字数:130 千字　定价:98.00 元

前　　言

中国是世界上纺织品服装生产、消费和出口大国，纺织服装产业链完整、门类齐全。纺织服装业是我国传统的支柱产业，也是劳动密集程度高和对外依存度较大的行业。纺织服装业是国内吸纳就业人口最多的传统制造业之一，直接就业者超过2100万人，约占全国工业就业人数的10%，其中大部分为农村转移劳动力，为农村进城务工人员提供了大量就业岗位和数千亿元的收入。该行业还为农民的脱贫增收做出了重要贡献，间接涉及一亿农民的生计。

纺织服装行业为劳动密集型行业，同时也是成本敏感性行业，随着我国工资水平、人力社保、福利等方面的提升，我国人力成本持续上升，制造业低成本优势逐步消失。同时，我国纺织品服装出口贸易面临国际贸易环境恶化、贸易摩擦严重等问题，而其中反倾销案件现已成为最为主要的贸易摩擦案件之一。在全球纺织品服装反倾销中，我国的纺织品服装多次遭受反倾销诉讼。世界贸易组织（WTO）成立后的1995~2017年，全球针对纺织品服装的反倾销调查案件有393起，我国遭受的反倾销调查案件为138起，占全球的35.1%；全球针对纺织品服装实施的最终反倾销措施有271起，我国遭受的最终反倾销措施为100起，占全球的36.9%，我国成为纺织品服装遭受反倾销最为严重的国家。按照HS的分类，税号开头的两位数字是50~63的14个大类的商品都属于纺织品服装，而我国遭受反倾销的纺织品服装占14个大类中的大部分。反倾销已成为我国纺织品服装出口中面临的主要贸易壁垒，因此需要对反倾销贸易摩擦下的我国纺织品服装的国际竞争力进行研究，为行业的可持续发展以及不同规模的纺织服装企业海外市场扩张提供策略支撑。

在综合国内外文献的基础上，将我国的纺织品服装贸易、反倾销、国际竞争力、产业安全等相结合，运用社会学研究方法、协同演化理论，采用规

1

范研究和实证研究结合，对我国在全球纺织品服装贸易网络中的地位、我国纺织品服装的国际竞争力、反倾销与国际竞争力协同演化下我国纺织服装业的产业安全、海外扩张策略等多方面内容进行研究，并得出相关结论。期望能在清楚认识我国纺织服装业在世界反倾销中面临的真实环境、实现我国纺织品服装对外贸易可持续发展、更有效地获取合法的贸易利益和维护中国的产业安全等方面提供一些参考和建议，期望我国最终实现由纺织服装大国逐渐转变为纺织服装强国的目标。

科学研究是一件很困难的事情，常需要大量的文献、基础数据、案例作为支撑，在此对各类数据网站、政府网站、企业网站以及其他公开出版物的作者一并致谢。

本人主持湖北省教育厅哲学社会科学研究重大项目（14zd022），现将研究成果进行汇集、整理和优化，最终得以完成本书。由于资源有限，部分数据、案例的统计和收集存在无法获取的情况，这可能会导致研究范围和研究结果的不完善。书中难免存在疏漏和不足之处，欢迎读者批评指正！

著者

2019 年 10 月 20 日于武汉

目　　录

第1章　导论 ……………………………………………………… 1

1.1 研究背景 ……………………………………………………… 2

1.2 中国纺织服装产业发展及纺织品服装出口状况 ……………… 4

1.3 反倾销相关的基本概念及特点 ………………………………… 11

1.4 中国纺织品服装遭受反倾销状况 …………………………… 17

1.5 研究框架 ……………………………………………………… 18

1.6 研究方法 ……………………………………………………… 20

1.7 研究创新 ……………………………………………………… 21

第2章　纺织品服装贸易网络结构测度及中国贸易地位研究 …… 22

2.1 研究设计及数据说明 ………………………………………… 23

2.2 社会网络分析结果 …………………………………………… 24

2.3 研究结论 ……………………………………………………… 38

第3章　反倾销对中国纺织品服装国际竞争力的影响效应分析 … 41

3.1 遭受反倾销的中国纺织品服装研究样本的选取 …………… 41

3.2 中国纺织品服装国际竞争力测算 …………………………… 42

3.3 反倾销对中国纺织品服装国际竞争力的影响特点 ………… 47

3.4 反倾销下的中国纺织品服装贸易对策研究 ………………… 50

3.5 小结 …………………………………………………………… 51

第 4 章　产业安全视角下的反倾销与中国纺织品服装

**　　　　国际竞争力协同演化研究** ·················· 52

　4.1　引言 ························· 52

　4.2　概述 ························· 52

　4.3　产业协同演化机制及对产业安全影响理论分析 ····· 54

　4.4　模型方法 ····················· 56

　4.5　实证结果及分析 ················· 59

　4.6　结论及启示 ··················· 62

第 5 章　反倾销对中国纺织品服装出口价格的影响效应分析 ····· 65

　5.1　概述 ························· 65

　5.2　反倾销中我国涉案企业的博弈心理分析 ········· 66

　5.3　反倾销对我国涉案纺织品服装出口价格影响效应分析 ·· 67

　5.4　小结 ························· 72

第 6 章　中国纺织品服装在美国市场的市场势力分析 ······· 74

　6.1　市场势力模型设定及测算 ············· 74

　6.2　市场势力影响因素分析 ··············· 78

　6.3　结论和建议 ··················· 83

第 7 章　基于不同目标市场的中国纺织品服装的市场势力

**　　　　比较分析与市场选择研究** ············· 86

　7.1　两个维度的测算 ················· 86

　7.2　改进的波士顿矩阵 ················ 89

　7.3　小结 ························· 90

第 8 章　基于不同规模的纺织服装企业技术、品牌、价格

在海外市场扩张中的差异化策略研究 ……………………… 92

8.1　中国纺织品服装海外市场扩张之路的风险评估 …………… 92

8.2　技术、品牌、价格在海外市场扩张中的差异化策略 ………… 98

8.3　小结 ……………………………………………………… 107

参考文献 ……………………………………………………… 109

第1章 导论

中国是世界最大的纺织服装消费国和生产国之一,纺织品服装是我国重要的出口产品,早在 1995 年我国就已经跃居世界纺织品服装出口排名第一。纺织服装业是我国传统的支柱产业,也是劳动密集程度较高和对外依存度较大的行业。纺织服装业是国内吸纳就业人口最多的传统制造业之一,国内纺织服装业现有直接就业者超过 2100 万人,约占全国工业就业人数的 10%,其中大部分为农村转移劳动力,为农村进城务工人员提供了大量就业岗位和收入。每年使用国产天然纤维原料大约 900 万吨,为农民的脱贫增收做出了重要贡献,间接涉及一亿农民的生计。该行业不仅在扩张内需,繁荣国内市场方面发挥着不可替代的作用,而且在平衡国际收支、外汇积累和利用国际市场方面同样具有不可忽视的战略意义。

2017 年,全球经济加速复苏,市场需求企稳回暖,国际贸易流动升温,世界经济的深度调整与恢复在金融危机发生后逐渐接近尾声,我国宏观经济也在全面建成小康社会目标冲刺的既定轨道上稳健运行。在较为良好的发展环境下,纺织行业深入推进转型升级,供给侧结构性改革取得新进展,努力克服了成本、环保、原料等一系列内外矛盾问题,产销实现平稳增长,运行质量与企业效益稳步趋好。

纺织服装行业为劳动密集型行业,同时也是成本敏感性行业。随着我国工资水平、人力社保、福利等方面的提升,我国人力成本持续上升,制造业低成本优势逐步消失。同时,我国的纺织品服装出口贸易面临国际贸易环境恶化、贸易摩擦严重等问题。在全球纺织品服装反倾销中,我国纺织品服装遭受到的反倾销诉讼最多,使我国成为纺织品服装遭受反倾销最为严重的国家,反倾销已成为我国纺织品服装出口中面临的主要贸易壁垒。

1.1 研究背景

2008 年次贷危机对世界经济的负面影响长期存在,美国、日本等世界主要经济体进入长期停滞的"新平庸"状态。虽然目前世界经济在深度调整中曲折复苏,但世界经济增长仍然动能不足,同时中国经济在进入经济结构优化升级过程中的结构性降速的"经济新常态"压力下,呈现外部环境复杂严峻,经济面临下行压力,同时全球贸易持续低迷,贸易保护主义强化,外部环境不稳定不确定因素明显增多,我国发展面临的风险挑战加大。随贸易保护主义衍生出来的贸易摩擦问题是中国对外贸易发展中无法回避的一个问题。商务部发布的《对外贸易发展"十三五"规划》明确强调"积极应对贸易摩擦","有效维护我正当经贸利益和企业合法权益",并且明确指出要积极应对反倾销。我国在对外贸易发展过程中面临各种类型的贸易摩擦,国外对华反倾销是一种常态化的密集的贸易摩擦,具有高频率、大面积、持续时间长、破坏严重等显著特征。党的十九大报告指出:"中国开放的大门不会关闭,只会越开越大。要以'一带一路'建设为重点,坚持引进来和走出去并重,遵循共商共建共享原则,加强创新能力开放合作,形成陆海内外联动、东西双向互济的开放格局。拓展对外贸易,培育贸易新业态新模式,推进贸易强国建设。"2018 年 12 月中央经济工作会议强调"稳外贸",商务部《对外贸易发展"十三五"规划》也强调"巩固贸易大国地位,推进贸易强国进程"。贸易强国要以贸易大国为基础,没有稳定的对外贸易,贸易大国无法维系。投资、消费、出口为拉动中国经济增长的"三驾马车",这三者情况的好坏会对中国经济产生重大影响,出口贸易是中国对外贸易中极其重要的一部分,中国要维持贸易大国的地位并成为贸易强国首先就需要稳定的出口贸易。

中国的纺织品服装出口额巨大,纺织服装产业对海外市场有较高的依赖,我国纺织服装产业的发展必定会较多地受制于外贸的发展状况,而纺织服装产业外贸的发展状况又与反倾销的状况密切相关。

近几年,主要贸易伙伴国产业政策有重大调整,比如美国的产业政策就在不断地进行调整。奥巴马时代确立了构建国家永续经营建设的"美国制造、本土能源、劳工技术训练、美国价值"四大支柱。特朗普提出的"美国优先"的思路,进而导致美国主动通过退出 TPP(跨太平洋伙伴关系协定)来增强贸易保护,从而实现保护美国制造业和美国工人的目的。美国的一系列政策变动和政策导向使美国加速某些产业的回归(如高端纺织服装产业),这会导致贸易流向发生重大调整,从而对中国相关产业造成重大影响,并且导致中国纺织品服装的对外贸易面临高度不确定性的风险,并对中国纺织服装产业造成重大影响。

中国纺织品服装出口贸易除了受到国外政策和国外市场需求的影响之外,还会受到进口国各种贸易壁垒的制约,其中反倾销已逐渐发展成为一种贸易壁垒的主导形式。反倾销对中国纺织品服装出口贸易的拓展和纺织强国的建设产生严重制约和影响。

在 20 世纪 70 年代以前,反倾销还未能成为贸易壁垒的主导形式。在关贸总协定各缔约方的不懈努力下,传统贸易壁垒的主导形式——关税壁垒名存实亡,反倾销作为各国在国际贸易中保护本国产业和利益的一种措施和手段发挥着越来越重要的作用。特别在 WTO 成立后,如配额、许可证等传统非关税保护措施已经受到非常严格的限制,而且关税由于不断被削减,关税这种保护措施的作用也越来越低。在这样的状况下,反倾销就逐渐成为世界各国保护本国相关产业安全、抵制国外不公平竞争的最主要的措施和手段之一。各国纷纷以反倾销为法律武器抵制不公平贸易,维护国内产业市场。更有甚者,有时达到滥用的程度,使反倾销变成贸易保护的工具。反倾销在 21 世纪逐渐发展成为贸易壁垒的主导形式。随着中国贸易地位的不断提高,我国出口产品遭遇的贸易摩擦也频繁出现,其中对华反倾销问题最为突出。由于反倾销被一些国家滥用,导致我国每年均遭受大量反倾销。我国从 1996 年起就成为遭受反倾销最多的国家之一,是世界反倾销的最大受害国。反倾销导致我国产业安全问题屡屡出现,在产业安全问题上带给我们诸多惨痛的教训。例如,1994 年美国对华大蒜反倾销,第二年我国大蒜对美出口额下降 94%,2005 年墨西哥对华伞菇罐头反倾销,第二年我国伞菇罐头对墨西哥出口额下降 97%❶。再如,中国加入WTO 后的中美纺织品反倾销第一案——艺术画布反倾销案,2005 年美国对华

---

❶ 周灏,祁春节. 对华农产品反倾销影响因素——基于条件 Logistic 回归的实证研究[J]. 经济问题探索,2011(5):115-120.

艺术画布反倾销,直接影响 20 多家企业和 5000 人的就业问题,该反倾销最终导致我国 20 多家画布企业全部放弃了美国市场❶。根据《中国加入世界贸易组织议定书》,本应在 2016 年 12 月 11 日自动终止的中国的"非市场经济地位"❷却遭遇僵局:欧盟、美国、日本等纷纷表态不愿承认中国的市场经济地位,中国许多产业的对外贸易雪上加霜。

为了维护我国合法贸易利益,改善贸易环境,实现贸易的可持续发展,增加我国面对反倾销的抵抗能力,维护纺织服装产业的安全和利益,笔者认为就中国纺织品服装遭受的反倾销以及国际竞争力的相关问题进行探索是很有必要的,为中国纺织服装产业的发展探索出有效的思路和政策措施。

1.2　中国纺织服装产业发展及纺织品服装出口状况

1.2.1　中国纺织服装产业发展状况

中国是全球规模最大的纺织品服装生产、消费和出口国之一,纺织服装产业链完整、门类齐全。

中国的纺织服装行业一直致力于服务改善民生。在衣食住行等领域,衣在满足人民生活需要方面解决得更彻底。1978 年,中国人均纤维消费量不到 3 千

---

❶　搜狐财经. http://business. sohu. com/20060328/n242517243. shtml[EB/OL]. "纺织品反倾销第一案"宁波康大败诉,2006-03-28.

❷　"非市场经济地位"问题一直是我国在反倾销应诉中非常敏感的一个问题。"非市场经济地位"问题源于 20 世纪 50 年代关贸总协定缔约方大会中成员方的提议,后来被 WTO 反倾销规则所采纳,规定在反倾销调查过程中来自非市场经济国家的产品的国内价格不能作为正常价值计算,而采用"替代国"和"类比国"制度来计算来自非市场经济国家的出口产品的正常价值。长期以来,中国在面临国外反倾销时被认定为具有"非市场经济地位",从而遭受歧视性的裁决。自 2004 年新西兰率先承认中国"市场经济地位"后,越来越多的国家承认了中国的"市场经济地位",但欧盟、美国、日本等主要发达国家及地区却无视中国在市场经济方面取得的成果,未承认中国的"市场经济地位"。美国商务部在对华反倾销案件的倾销裁决中,一直视我国为非市场经济国家,总是在"非市场经济地位"的基础上进行裁决,导致我国被裁决更为偏高反倾销税率。根据《中国加入世界贸易组织议定书》第 15 条(d)款规定,在反倾销调查中,采用替代价格或成本计算中国产品正常价值的技术方法,"无论如何应在加入之日后 15 年终止"。这一规定表明,即使有的成员在中国加入世界贸易组织之后在反倾销领域不给予中国市场经济地位的认定或不承认中国企业的市场经济地位,到 2016 年,中国应自动获得在反倾销领域的市场经济地位,即在对华反倾销时反倾销发起国不得采用替代国价格或成本计算中国产品正常价值。

克,2017 年人均消费量已达到 22 千克,约为 1978 年的 7 倍。行业发展创造了大量就业岗位。1978 年,纺织行业从业人数为 311.2 万,2017 年规模以上纺织工业就业人数 972.6 万,纺织行业是农村转移劳动力的重要入口。行业每年使用国产天然纤维原料约 900 万吨,为农业发展与农民增收发展做出贡献❶。

2017 年,中国化纤产量达到 4919.55 万吨,占世界比重超过 70%;规模以上企业服装产量 287.81 亿件,相当于为世界人口每人提供 6.89 件衣服。中国纺织行业快速发展,实现了行业规模和经济效益的持续快速增长,纺织业在国民经济中的支柱地位进一步稳固。统计数据显示,2017 年我国纺织工业总产值约为 1978 年的 140 倍,纺织品服装出口规模是 1978 年的 127.4 倍,纤维加工量约为 1978 年的 20 倍。从行业整体发展情况来看,中国纺织行业增长方式仍以粗放型为主,竞争优势主要体现在中低档产品,高附加值的产品比重不高,高档面料依赖进口。在纺织高新技术领域,尤其是在织造、染色及后整理等关键环节,仍由欧洲的意大利、德国和亚洲的日本等发达国家主导❷。

纺织服装行业为劳动密集型行业,同时也是成本敏感性行业。全球纺织行业经历了由欧美向亚洲转移,以及在亚洲内部转移的过程。2001 年,中国加入WTO,贸易自由化进程加快,同时中国大陆地区的劳动力成本远低于韩国、中国香港和台湾地区,因此 2001 年后中国充分利用劳动力优势和市场优势逐步成为全球纺织制造中心。随着中国经济水平的提高、适龄劳动人口比重下降、劳动力成本不断上涨,并且工业用地成本攀升、环保政策趋严,近几年中国纺织服装企业在国内实现规模再扩张面临诸多限制因素,同时东南亚国家劳动力优势凸显,因此 2012 年后中国纺织服装产业逐渐向东南亚国家迁移❸。

近年来,随着我国工资水平、人力社保、福利等方面的提升,我国人力成本

---

❶　纺织人才网.孙瑞哲:中国纺织服装工业开启壮阔征程[EB/OL]. http://news.texhr.cn/v250788-4.htm,2018-10-18.

❷　全球纺织网.中国在全球纺织业中占据龙头地位[EB/OL]. http://www.texnet.com.cn,2018-11-05.

❸　前瞻网.重磅!20 大产业迁移路径全景系列之——中国纺织产业迁移路径及纺织产业发展趋势全景图[EB/OL]. https://www.qianzhan.com/analyst/detail/220/190308-8108c03a.html,2019-03-08.

持续上升,制造业低成本优势逐步消失。2017年,中国制造业职工年平均工资已经增长至6.45万元。中国制造业职工平均工资持续增长,企业利润空间逐渐收窄。作为制造业中的纺织服装行业更是如此,中国纺织服装行业总体利润率不高,根据中国纺织工业联合会数据,近70%纺企利润占全行业10%左右,平均利润率<1%(具体数据见表1.1)。2017年中国纺织服装行业规模以上企业销售利润率仅为5.5%,分行业的利润率有所不同(具体数据见图1.1)。其中超过行业平均利润率水平的分行业有化纤、针织、服装、家纺、产业用,利润率最高的分行业为针织,达到6.2%。低于行业平均利润率水平的分行业有棉纺、印染,利润率最低的分行业为棉纺,仅为4.9%。

表1.1 中国规模以上纺织服装企业利润分布

规模以上企业	利润占全行业总额比重	平均利润
7.0%的企业	35.3%	>10%
24.5%的企业	53.8%	5%左右
68.5%的企业	10.9%	<1%

资料来源:中国产业信息网.2017年中国纺织服装行业发展现状及行业发展趋势分析[EB/OL]. http://www.chyxx.com/industry/201612/481176.html,2016-12-26.

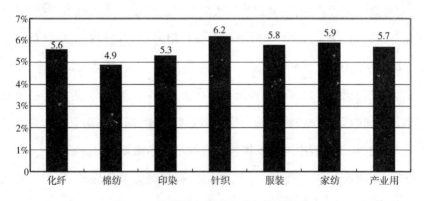

图1.1 中国纺织服装业分行业利润率

资料来源:国家统计局

中国纺织服装行业在发展过程中虽然面临各种障碍和不确定性,未来我国纺织服装行业仍将在改革开放的路径中向纵深方向发展,行业增长方式将逐渐由规模数量型增长向质量效益型增长进化,开启壮阔征程,逐步实现在 2020 年由纺织大国建成纺织强国的目标。

1.2.2　中国纺织品服装出口状况

1.2.2.1　总体出口状况

纺织品服装是我国重要的出口产品,早在 1995 年就已经跃居世界纺织品服装出口排名的第一位。2013 中国纺织品服装出口占世界纺织品服装出口总额的比重已超过 40%,达到 42.4%,在随后的几年中,该比重有所下降。2017年,比重回升到 40.5%❶。

中国纺织品服装的出口发展并非一直持续高涨。中国海关总署公布的年度数据显示,自 2010 年以来,我国的纺织品服装出口增速逐渐放缓,且下降幅度较大。其中 2010 年出口增速为 23.7%,2011 年降为 20.1%,而 2012 年大幅跌到了 2.7%(这是除了 2009 年的负增长以外达到的又一个历史低点),2014年虽有所回升,但也仅达到 5.1%。其增长速度远低于机电等产品。与此同时,中国纺织品服装出口额占全国出口总额的比重总体上在缓慢下降(2010年后的比重基本上维持在 13% 左右),2017 年的比重下降到 12.1%。这说明纺织品服装贸易在中国的贸易地位并未得到加强,对国内经济的推动作用逐渐在减弱。

1.2.2.2　出口贸易特征

总体而言,中国纺织品服装出口贸易呈现如下几个重要特征。

(1)中国纺织品服装出口占中国出口总额比重总体较高,但呈逐年下降趋势。从 WTO 成立后的 1995 年至 2017 年,中国纺织品服装出口额和中国出口总额总体上是逐年上升(其中个别年份例外,如 1995 年、1998 年和 2009 年等少数年份中国纺织品服装出口为负增长)。中国纺织品服装出口占中国出口总额的比重总体上较高,所有年份都达到 10% 以上的占比,但是该比重呈现

---

❶ 笔者根据联合国统计署贸易数据库数据计算得到。

逐年下降的趋势。其中 1995 年的比重最高,达到 24.1%,2012 年和 2015 年的比重最低,但也达到了 12.0%,2017 年的比重为 12.1%。各年份具体比重数据见图 1.2。

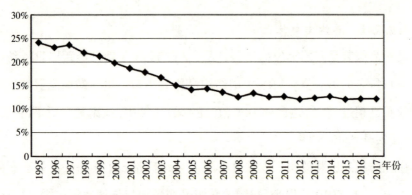

图 1.2　中国纺织品服装出口占中国出口总额比重(1995~2017)

资料来源:联合国统计署贸易数据库

(2)中国纺织品服装出口在全球纺织品服装贸易中地位举足轻重。我国纺织品服装出口占世界纺织品服装出口总额的 11.8%。到 2005 年中国纺织品服装出口占世界纺织品服装出口总额的比重已经超过 20%,达到 21.3%。2010 年我国纺织品服装出口大幅上涨达到 1995 亿美元,同比增长高达 23.7%,占世界纺织品服装出口总额的比重超过 30%,达到 32%。2013 年我国纺织品服装出口仍然大幅上涨,达到 2740 亿美元,同比增长高达 11.3%,占世界纺织品服装出口总额超过 40%,达到 42.4% 。2013 年之比重有所下降,但也超过 35%。2017 年,在全球 120 多个国家和地区同步复苏带动下,国际市场需求有所回暖,我国纺织品服装出口增速结束了连续两年的负增长,出口规模有所扩大(2017 年我国纺织品服装出口总额达 2745.1 亿美元,同比增长 1.6%),当年出口规模占世界纺织品服装出口总额的 40.5%。各年份中国纺织品服装出口占世界纺织品服装出口总额比重的具体数据见图 1.3。

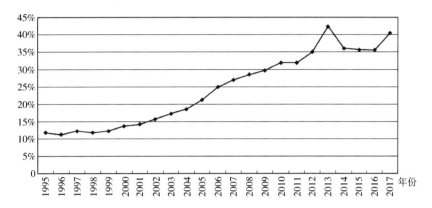

图1.3　中国纺织品服装出口占世界纺织品服装出口总额比重(1995~2017)

资料来源:联合国统计署贸易数据库

（3）主要出口市场分布较为集中。我国境内纺织品服装出口市场主要集中于欧盟、美国、东盟、日本、非洲、中国香港、韩国,占到纺织品服装出口总额的70.5%。主要出口市场分布状况数据见表1.2。其中对东盟出口增长较为突出,全年出口额达到347.9亿美元,出口规模超过日本,成为第三大纺织品服装出口市场,同比增速达到4.5%,占中国纺织品服装出口总额的比重提高到12.7%。美国和欧盟分别作为中国境内纺织品服装出口的第一和第二大目标市场,分别占到服装出口总额的18.2%和17.4%,但在2017年的增速并不理想,美国为1.7%,而欧盟的增速为-0.3%,即对欧盟的出口额有所下降。在中国香港这个目标市场上的出口增速下降最多,达到-11.4%。

表1.2　2017年我国境内对主要市场出口纺织品服装情况

主要出口市场	出口额(亿美元)	同比(%)	占比(%)
欧盟	498.6	-0.3	18.2
美国	477.1	1.7	17.4
东盟	347.9	4.5	12.7
日本	212.8	0.6	7.8
非洲	183.7	2.4	6.7
中国香港	131.7	-11.4	4.8
韩国	84.2	5.0	3.1

资料来源:中国纺织工业联合会. 2017/2018中国纺织工业发展报告[M].北京:中国纺织出版社,2018.

注　占比=(我国境内纺织品服装出口到各主要出口市场的出口额/纺织品服装出口总额)×100%

(4)国际贸易环境恶化。近几年来,国际市场竞争日益加剧,越南、孟加拉等东南亚国家纺织产业增长较快,国际竞争力显著提高。2017 年我国纺织品服装在美国、欧盟和日本市场份额分别下降 0.2 个、0.8 个和 1 个百分点。美国新政倡导"美国优先",多次提出将以缩小对外贸易逆差为目标对进口产品加征高额关税,贸易保护主义抬头成为影响今后全球经济复苏的最大的不确定因素,也是我国纺织行业平稳、高质量发展的重大潜在影响因素。我国纺织品服装出口在全球贸易和美国进口市场所占份额均超过 1/3,如果对纺织品服装加征高额关税,则我国纺织行业对美出口会明显下滑,国内相关产业链以及就业将直接受到负面冲击。而且,美国的示范作用非常强,可能会引发全球更多国家或地区采取单边或区域性行动,国际贸易存在恶化风险。

(5)遭受贸易摩擦严重。我国纺织品服装贸易面临多方面的问题,其中非常严重的问题就是不断遭遇大量的贸易摩擦案件,而其中反倾销案件现已成为最为主要的贸易摩擦案件之一。中国纺织品服装遭受的反倾销调查占全球的 25.4%,中国纺织品服装遭受的最终反倾销措施占全球的 27.7%❶,我国成为纺织品服装遭受反倾销最为严重的国家之一。反倾销已成为我国纺织品服装出口中面临的主要贸易壁垒。

总体而言,2017 年,全球经济复苏加速,市场需求企稳回暖,国际贸易流动升温,世界经济的深度调整与恢复在金融危机发生后渐近尾声,我国宏观经济也在全面建成小康社会目标冲刺的既定轨道上稳健运行。在较为良好的发展环境下,中国纺织行业转型升级深入推进,供给侧结构性改革取得新进展,努力克服了成本、环保、原料等一系列内外矛盾问题,产销实现平稳增长,运行质量与企业效益稳步趋好。在我国纺织业的出口领域,可以看到,近几年我国纺织品服装产品的出口并非一直增长,占全部出口产品的比重也在逐年下降,且在全球纺织品服装出口总额中的比重也波动较大。出口是拉动我国经济发展的

---

❶ 根据 WTO 反倾销统计数据计算得到。

"三驾马车"之一,而纺织品服装出口是我国出口贸易的非常重要的组成部分,一旦出现负面波动,会影响我国整体经济的平稳发展。

1.3　反倾销相关的基本概念及特点

1.3.1　倾销的定义

一国的反倾销行为是对他国的倾销行为的一种应对性的反应,因此要对反倾销问题进行研究,首先要清楚什么是"倾销"。

"倾销"这个术语的英文为 Dumping,该单词最根本的意思是指倾倒、抛弃,在产品的销售、贸易中将其引申为"倾销"。对于什么是倾销已有大量的研究,较简洁地表述就是指以低价在市场大量抛售。

根据产品销售市场是国内还是国外,倾销可以分为国内倾销和国际倾销。国内倾销是指在国内市场以不正常的低价大量抛售产品,国际倾销则是指在海外市场以不正常的低价大量抛售产品。无论是国内倾销还是国际倾销都是一种不正当的竞争行为,是一种不公平的竞争手段,是一种价格歧视。由于本书研究的是国际贸易中的反倾销问题,因此本书所指倾销仅指国际倾销,不涉及国内倾销。

对于倾销的界定关键在于对"低价"的认识和界定。对于倾销的具体定义和界定,我们可以从下面两个层面来理解,即经济学层面和法律层面。

1.3.1.1　经济学层面

美国国际贸易学家雅各布·瓦伊纳(Jacob Viner)在 20 世纪初探讨倾销现象时发现英国的著名经济学家亚当·斯密(Adam Smith)在其 1776 年的著作《国富论》中提到许多国家官方的奖励或奖励金(bounty)。《国富论》多处对"奖励"进行了论述,如其中写到"第二件事,是 1688 年颁布的谷物输出奖励法令。据一般人设想,这种奖励金,由于促进耕作,经过长久的岁月,大概总会增加谷物的产量,使国内市场上的谷价因此趋于便宜";"奖励输出的方法,有时是退税,有时是发给奖励金,有时是同主权国家订立有利的通商条约,有时是在遥远的国家建立殖民地"。根据文中的意思理解,"奖励"一词主要是指"补贴"或类似意思。亚当·斯密后来将这种行为称作倾销,首次将倾销概念引入经济学领域。需要指出的是本人查阅了亚当·斯密《国富论》❶一书的中文版和英文版均未发现"倾销"或"Dumping"一词,亚当·斯密只是在后来的研究中将这种行为称作倾销。当然,亚当·斯密提到的"奖励"或"倾销"的含义从其上下文理解,主体意思是指"补贴",和我们现在所使用的"倾销"术语的含义有较大差别。

据美国学者约翰·杰克逊(John H. Jackson)考证,第一次从现代意义上使用 Dumping 概念的是美国的《1868 年商业与财政年鉴(VI326/I)》❷。1923 年,雅各布·瓦伊纳在其著作《倾销:国际贸易中的一个问题》中把倾销定义为:在不同国家市场上实施价格歧视❸。雅各布·瓦伊纳将倾销分为三类:偶发性倾销、连续性倾销、间歇性倾销,并认为只有间歇性倾销才应受到制裁。但是在现在的研究中,有人也认为偶发性倾销也可能对进口国的相关产业造成损害,并扰乱其市场秩序;对于连续性倾销虽然出口国厂商本身可能受损,但同时也损害了进口国的利益,因此这两类倾销行为也应该为反倾销法所限制。

当然,其他的一些学者也根据自己的研究对倾销进行界定。对于倾销的经济学层面的定义由于学术研究的多样性,学者们对其界定也同时是多样性的,相对而言,法律层面的倾销界定则较为一致。

1.3.1.2 法律层面

目前,对于倾销的法律定义最为权威和最为被广泛接受的是 WTO 的《1994 年关税与贸易总协定》第 6 条(即"反倾销税和反贴补税"条款)和《反倾销协议》。另外再介绍几个有代表性的法律层面的倾销界定。

(1)《1994 年关税与贸易总协定》第 6 条第 1 款规定,"各缔约方认识到,用

❶ 亚当·斯密. 国富论[M]. 杨敬年,译. 西安:陕西人民出版社,2005.
❷ 纪文华. 欧盟反倾销法与对华反倾销成因分析[EB/OL]. 北大法宝网:www. pkulaw. cn/fulltext_form. aspx? Gid=335566111.
❸ 雅各布·瓦伊纳. 倾销:国际贸易中的一个问题 [M]. 沈瑶,译. 北京:商务印书馆,2003.

倾销的手段将一国产品以低于正常价格的办法进入另一国的商业,如因此对一缔约方领土内一已建立的产业造成实质损害或实质损害威胁,或实质阻碍一国内产业的新建,则倾销应予以谴责"。因此根据《1994 年关税与贸易总协定》,倾销是指"将一国产品以低于正常价值的办法引入另一国的商业",该款还对如何判定是否"低于其正常价格"规定了两种情况。

(2)WTO 的《关于实施 1994 年关税与贸易总协定第六条的协议》(Agreement on Implementation of Article VI of the GATT 1994)俗称《反倾销协议》,该协议第 2 条第 1 款规定:"本协议之目的,如果一项产品从一国出口到另一国,该产品的出口价格在正常的贸易过程中,低于出口国旨在用于本国消费的同类产品的可比价格,也即以低于其正常价格的价格进入另一国的商业,该产品即被认为是倾销。"

(3)美国 1930 年《关税法》第四分篇第二部分第 1675 节规定:进口产品的美国市场价格如果低于相似产品的公平价格,即为倾销。

(4)欧盟现行的 1988 年《2423/88 反倾销条例规定》第 1 条第 2 款规定:如果一个产品向共同体的出口价格低于在正常贸易过程中为该出口国确定的相似产品的可比价格,该产品就将被认为是倾销产品。

(5)我国《反倾销条例》第 3 条第 1 款对倾销的定义为:在正常贸易过程中,若一国产品以低于该产品正常价格的出口价格进入中华人民共和国市场,即为倾销。

可见,各国国内立法对倾销的界定基本一致,大同小异,因此倾销可简单地界定为出口商以低于正常价格的价格向进口国销售产品。

1.3.2　反倾销的定义

反倾销是指为了避免来自他国的进口产品在本国倾销导致对本国相关产业造成损害,进口国当局为了保护本国产业而对该国的该产品进行案件调查以及对该国的该产品限制进口,从而抵制国际贸易中的不公平贸易行为的一种手段。

需要指出的是反倾销包括两个部分：反倾销调查和反倾销措施。

(1)反倾销调查，是指进口国的反倾销当局根据 WTO 的《反倾销协议》和国内相关的反倾销法规，在国内相关利益方提出反倾销调查申请的情况下，确认立案以后，对来自被指控的出口国的涉案产品的进口进行调查。当然进口国的反倾销当局也可以在没有相关利益方提出反倾销调查申请的情况下自行确定反倾销的立案调查。反倾销调查当局在调查中需要判定下面几个方面：是否存在倾销、涉案产品的进口是否对国内相关产业造成了损害、倾销和损害之间是否存在因果关系。这三者缺一不可，只有三个方面都符合，进口国反倾销当局才能采取最终反倾销措施。

(2)反倾销措施，是指进口国反倾销当局根据对涉案产品和涉案厂商进行反倾销调查过程中或调查结束后采取的具体的限制进口的各种措施。按照 WTO《反倾销协议》中的条款规定，可以将反倾销措施分为三类：临时反倾销措施、价格承诺、最终反倾销措施。

临时反倾销措施是指被调查产品的进口方反倾销当局经反倾销调查后，初步认定存在倾销并且认定倾销给其国内行业造成了损害，而对外国进口产品采取的临时限制进口的措施。这一措施的主要形式有：临时反倾销税、现金保证金、保函或其他形式的担保、预扣反倾销税等形式。价格承诺是指参加应诉的出口商、生产商向进口国反倾销当局自愿做出的，改变价格或者停止以倾销价格出口被调查产品并经反倾销当局接受而暂停或终止调查的承诺。"中止协议"是较常见的一种"价格承诺"的做法。如美国于 1994 年 10 月 31 日立案的对华蜂蜜反倾销案是中美政府之间用中止协议(Suspension Agreement)条款来处理反倾销案件的第一个案件。蜂蜜反倾销案的中止协议规定中国年度出口量为 43925000 磅(19924380 千克)，按美国蜂蜜市场增长情况，出口量的调整最多不超过年度配额量的 6%，配额量按半年分配，允许有接转和借用❶。被诉产品不能低于参考价格销售。参考价格由美国商务部按季度发布，确定之前要与

---

❶ 周灏,祁春节.美国对华蜂蜜反倾销效应分析[J].生态经济,2010(7):119-124,133.

中国政府商量。参考价格是相当于在最近 6 个月美国从其他国家进口蜂蜜的单价的加权平均价的 92%❶。最终反倾销措施则是在进口国的反倾销调查当局在调查完成后做出肯定性终裁的情况下实施的限制进口的措施,常见的形式是征收反倾销税。反倾销税是对倾销商品所征收的进口附加税,其通常相当于出口国国内市场价格与倾销价格之间差额的进口税。但是最终反倾销措施的实施不仅限于征收反倾销税。下面以印度对华反倾销中实施最终反倾销措施的几起案件为例来说明。从量征收反倾销税形式:2002 年立案的桑蚕生丝案件终裁被征收 47.89% 的反倾销税。从价征收反倾销税形式:2004 年立案的橡胶助剂终裁被征收 450 美元/公吨的反倾销税。最低限价形式:2003 年立案的聚醚多元醇终裁为最低限价 1472.77 美元/公吨。以规定价格和进口到岸价之间的差价为标准征收反倾销税形式:2003 年立案的二氧化钛终裁按照 1227 美元/公吨与进口到岸价之间差价征收反倾销税❷。

1.3.3　反倾销较之其他贸易摩擦的特点

反倾销是一种常态化的贸易摩擦,与其他类型的贸易摩擦相比具有高频率、大面积、持续时间长、破坏严重等显著特征。

反补贴也是一种常见的贸易制裁措施和贸易摩擦形式。亢梅玲、李潇(2018)比较过中国遭受反倾销和遭受反补贴的涉案产品数量的多少。根据世界银行反倾销数据库和反补贴数据库的统计数据,在 1995~2015 年期间中国遭受的反倾销案件和遭受的反补贴案件中,以涉案产品数量进行统计(不以案件数量进行统计),《商品名称及编码协调制度》(HS)规定的 4 分位(以下简称 HS4 分位)的涉案产品数量均呈波动上升趋势,共计反倾销的涉案产品数量为 4615 个,反补贴的涉案产品数量为 162 个(具体各年份数据见表 1.3)。反补贴的数量仅占反倾销数量的 3.5%,反补贴的数量远低于反倾销的数量。其中有

❶ 范丽敏.博弈中的中美蜂蜜贸易战争[EB/OL].新浪财经:http://finance.sina.com.cn/hy/20131128/110017465159.shtml.
❷ 周灏.印度对华反倾销的特点及原因研究[J].经济与管理研究,2007(5):61-66.

10 个年份没有反补贴发生,但是每个年份均有反倾销发生,而且年度的反倾销涉案产品最高数量达到 558 个(2009 年)。

表 1.3 1995~2015 年基于 HS4 分位中国遭受的反倾销、反补贴的涉案产品数量

年份	1995	1996	1997	1998	1999	2000	2001	2002	2003	2004	2005
反倾销	35	146	76	47	113	217	289	190	134	221	196
反补贴	0	0	0	0	0	0	0	0	0	2	0

年份	2006	2007	2008	2009	2010	2011	2012	2013	2014	2015	
反倾销	231	189	331	558	318	217	246	198	212	451	
反补贴	2	11	16	21	14	22	16	22	18	18	

资料来源:Bown C P. 全球反倾销数据库网站(http://people. brandeis. edu/~cbown/global_ad/ad/)和反补贴数据库网站(http://people. brandeis. edu/~cbown/global_ad/cvd/)

再将反倾销与"301 调查"进行对比。从 1991 年至今为止美国对华已发起 6 次"301 调查",最近的一次发生在 2017 年。2017 年 8 月,美国贸易代表署发布公告,以"中国对美国知识产权存在侵犯行为"为由正式对中国启动调查。这次调查是美国第六次针对中国发起"301 调查"。2018 年 4 月 4 日,美国贸易代表办公室(USTR)公布了根据所谓"301 调查"建议征收中国产品关税的清单,目标锁定《中国制造 2025》的十大领域。总体而言,"301 调查"发生的频率很低,1991~2018 年期间仅发生 6 起,前 5 起均已通过中美谈判协商解决,第 6 起引发的贸易战正处于中美谈判协商期间。6 起"301 调查"中有 3 起是针对知识产权领域问题发起的。根据 WTO 反倾销数据库的统计数据,在 1995~2017 年期间美国针对中国的反倾销案件数量为 150 起,年均 11.5 起案件。在美国对华反倾销案件中,涉案的产品不仅针对中国高端的制造业,而是涉及非常广泛的产品领域,涉及 HS 中 22 个大类产品中的绝大多数的大类产品,具体的涉案产品庞杂,比如蜂蜜、苹果汁、蘑菇罐头、硫酸锰、金属锰、纯镁、一次性打火机、自行车、餐具套件、汽车挡风玻璃、木制卧室家具、艺术画布、钢丝衣架等。

通过反倾销与反补贴、"301 调查"的对比,很明显可以看出反倾销的频率远高于其他形式的贸易摩擦,而且涉案产品面非常广泛。

国外一旦确定实施最终反倾销措施,则实施年限为五年,持续时间长。五年到期后会进行日落复审,如日落复审不通过,会继续实施反倾销,而且还可能会面临不断的行政复审和新出口商复审。这就导致中国一部分反倾销案件远远超过五年的期限,例如最为典型的是美国 1994 年开始的对华蜂蜜反倾销案到目前仍在实施反倾销措施。可见反倾销持续时间长是其典型特征。

反倾销的破坏非常严重。以前面提到的美国对华蜂蜜反倾销这个典型的案例来感受一下美国反倾销对我国蜂蜜出口市场份额所产生的影响。湖北省蜂蜜出口始于 1999 年,多年位居全国第一,是湖北省农产品出口的主打品种之一,武汉小蜜蜂食品有限公司(以下简称武汉小蜜蜂)一直是湖北省蜂蜜出口的"领头羊"。武汉小蜜蜂是一家民营企业,其生产规模在国内排名第三。2002年 5 月,武汉小蜜蜂首次向美国出口蜂蜜,即遭到美国 2000 多蜂农对武汉小蜜蜂集体提起的反倾销诉讼,美国商务部进行新出口商的反倾销审查。几经波折,2004 年美国商务部最终裁定对武汉小蜜蜂出口美国的蜂蜜征收 32.84% 的反倾销税。此举对武汉小蜜蜂影响很大,2003 年该公司出口美国的蜂蜜曾达5000 多吨,但 2004 年一下子下降至 1500 吨,退出很大一块美国市场❶。在其他反倾销案件中,中国也遭受到严重影响,如大蒜反倾销、伞菇罐头反倾销、艺术画布反倾销等。

1.4　中国纺织品服装遭受反倾销状况

在全球反倾销的涉案大类产品中,纺织品服装是一种主要的涉案产品。从WTO 成立后的 1995～2017 年,全球针对纺织品服装的反倾销调查案件有 393起,中国遭受的反倾销调查案件为 138 起,占全球的 35.1%,全球针对纺织品服装实施的最终反倾销措施有 271 起,中国遭受的最终反倾销措施为 100 起❷,占全球的 36.9%,我国成为纺织品服装遭受反倾销最为严重的国家之一。全球纺织品服装遭受反倾销调查最多和遭受最终反倾销措施最多的成员及数量的具体情况见表 1.4 和表 1.5。

---

❶　周灏,祁春节.美国对华蜂蜜反倾销效应分析[J].生态经济,2010(7):119-124,133.
❷　数据来源:WTO 反倾销统计数据。

表 1.4　纺织品服装遭受反倾销调查最多的 10 个成员及数量(1995～2017 年)

排序	成员	反倾销调查数量	排序	成员	反倾销调查数量
1	中国大陆	100	6	泰国	26
2	韩国	43	7	马来西亚	21
3	中国台湾	38	8	土耳其	10
4	印度尼西亚	27	9	巴西	9
5	印度	26	10	巴基斯坦	8

资料来源:WTO 反倾销统计数据

表 1.5　纺织品服装遭受最终反倾销措施最多的 10 个成员及数量(1995～2017 年)

排序	成员	最终反倾销措施数量	排序	成员	最终反倾销措施数量
1	中国大陆	75	6	印度	15
2	韩国	31	7	马来西亚	15
3	中国台湾	25	8	白俄罗斯	6
4	泰国	20	9	巴基斯坦	6
5	印度尼西亚	18	10	土耳其	5

资料来源:WTO 反倾销统计数据

中国纺织品服装遭受的反倾销案件不仅数量多,而且涉案产品的种类比较广泛,原材料、半成品、成品都有,如丝绸织物、艺术画布、聚酯长纤面料、桑蚕生丝、服装、尼龙长丝纱线、棉坯布、牛仔裤等,涉及面较广。按照 HS 的分类,税号开头的两位数字是 50～63 的 14 个大类的商品都属于纺织品,而我国遭受反倾销的纺织品占到 14 个大类纺织品中的大部分。反倾销已成为我国纺织品服装出口面临的主要贸易壁垒,我国纺织品服装出口占中国出口总额的比重几乎逐年下降,很明显中国纺织品服装出口受到长期抑制。

1.5　研究框架

为实现我国纺织品服装贸易的可持续发展,增加我国纺织服装业面对反倾销的抵抗能力,维护产业安全和贸易利益,助力中国实现建设纺织服装强国的目标,本书进行了一系列相关研究。根据研究的需要,本书构建的研究框架如下,共涉及八章研究内容。

第1章为导论。主要介绍本书的研究背景、中国纺织服装产业发展及纺织品服装出口状况,对反倾销的相关基本概念进行界定并对反倾销的特点进行总结,分析中国纺织品服装遭受反倾销的状况,介绍本书的主要研究框架、研究方法和研究创新。

第2章对纺织品服装贸易网络结构测度及中国贸易地位进行研究。本书选取世界上31个主要的纺织品服装贸易的国家和地区,以2017年这31个国家和地区的纺织品服装出口额数据为基础进行各个经济体之间的纺织品服装贸易的社会网络分析。通过社会网络分析方法从对全球纺织品服装贸易网络的结构进行测度,并根据测度结果对中国在全球纺织品服装贸易中的地位进行定量分析,期望能更为全面和准确地了解中国的贸易地位。

第3章就反倾销对中国纺织品服装国际竞争力的影响效应进行分析。选取5个涉案纺织品服装为代表进行研究,测算研究样本的显性比较优势指数、国际市场占有率、市场渗透率、贸易竞争指数这几类反映国际竞争力的指标,测算了时间范围为 $T-1$、T、$T+1$、$T+2$、$T+3$、$T+4$,共计6个年份。

第4章就产业安全视角下的反倾销与中国纺织品服装国际竞争力协同演化进行分析。从产业安全的视角构建反倾销与国际竞争力的协同演化框架,分析反倾销与国际竞争力的协同演化机制以及协同演化对产业安全影响的机制,并基于协同理论构建了相应的协同演化模型,通过测算有序度和协调度对我国纺织品服装遭受反倾销与我国国际竞争力两者之间的协同演化态势进行实证分析。

第5章就反倾销对中国纺织品服装出口价格的影响效应进行分析。以我国遭受反倾销的20个涉案纺织品服装为例,以反倾销立案前一年,即 $T-1$ 年份为基期,考察 T、$T+1$、$T+2$ 这三个年份的出口价格相对于 $T-1$ 年份的变动情况,就国外对中国纺织品服装的反倾销在涉案产品出口价格的影响方面的具体情况进行探索和求证。

第6章对中国纺织品服装在美国市场的市场势力进行分析。出口产品的国际竞争力有不同的衡量指标,其中市场势力是较为重要的一种衡量指标。市场势力是一种基于卖方垄断的价格加成能力,更高的市场势力会带给我们更丰厚的利润回报。我国每年均有大量的各类纺织品服装出口到美国。本章主要针对中国的纺织品服装在美国市场的市场势力这种国际竞争力的状况进行分析。

第7章对中国纺织品服装在不同目标市场的市场势力进行比较分析,并就市场选择问题进行研究。中国纺织品服装对传统的出口对象的依赖程度依然很高,对欧盟、美国、东盟和日本这几个主要国家和地区的出口量占总量的50%以上。我们需要合理地选择出口市场,在规避市场风险的前提下实现利润最大化,为此本章对我国纺织品服装在不同的目标市场上的市场势力进行测算和比较分析,并通过波士顿矩阵的方法对如何进行市场选择进行探索。

第8章基于不同规模的纺织服装企业对技术、品牌、价格在海外市场扩张中的差异化策略进行分析。中国纺织服装企业的发展离不开海外市场,但是海外市场又充满各种变数和风险。海外市场的扩张主要依赖于技术、品牌、价格这三个方面,但是我国大型纺织服装企业和中小纺织服装企业由于本身的差异化的特征,应该采取差异化的海外扩张策略。

1.6 研究方法

本书涉及较多内容的研究,采用多种研究方法相结合的方式。所采用的研究方法主要包括以下几种。

(1)内容分析法:对相关文献进行回顾,总结出反倾销下国际竞争力和产业安全的理论框架。

(2)比较分析方法:对中国的纺织品服装贸易与其他主要国家的纺织品服装贸易进行比较分析、对中国不同种类的纺织品服装的国际竞争力进行比较分析、对中国纺织品服装在不同目标市场上的市场势力进行比较分析。

(3)统计分析方法:

①用描述性统计分析中国纺织品服装出口状况和遭受反倾销的状况;

②计算中国纺织品服装的市场势力和国际竞争力；

③用社会网络分析方法研究纺织品服装贸易网络结构；

④通过协同演化方程剖析反倾销与国际竞争力的互动机理。

(4)定性分析和个案分析方法:定性分析主要用于中国纺织品服装出口状况及遭受反倾销的状况;同时,定性分析方法还与其他方法结合使用,主要用于思辨反倾销与国际竞争力的互动效应以及它们对产业安全的影响;反倾销的效应和海外市场扩张策略则以个案分析作为辅助进行定性分析。

(5)博弈分析:通过博弈心理分析反倾销对纺织品服装价格的影响。

1.7　研究创新

本书的研究创新主要体现在以下三个方面。

(1)通过理论演绎和实证分析,以中国传统的支柱产业,同时也是典型的劳动密集程度高和对外依存度较大的行业——纺织服装产业作为研究对象,嵌入国际竞争力,探索反倾销对产业安全的影响,并从技术、品牌、价格三个视角提出了中国纺织服装产业海外扩张策略。

(2)将用于社会学问题领域的社会网络分析方法用于解读纺织品服装的贸易状况以及中国纺织品服装的贸易地位。

(3)将源于生物学领域的协同演化理论应用于纺织品服装反倾销与纺织品服装国际竞争力之间的持续互动与演变研究。

第2章 纺织品服装贸易网络结构测度及中国贸易地位研究

中国纺织品服装贸易总量的简单统计数据不能充分揭示中国在全球纺织品服装贸易中的地位,也不能将中国与其他纺织品服装贸易国家或地区进行横向比较。需要更深入地考察中国在全球纺织品服装贸易市场的地位和作用则需要采用另外的方法和从另外的视角来剖析,而以社会网络理论为基础的社会网络分析(SNA-Social Network Analysis)方法的兴起为研究中国纺织品服装贸易地位打开了一个新的视角。

国家之间的贸易关系也是一种社会关系,是极端复杂的,我们不可能仅仅根据直觉来区分社会关联性,在此情况下,社会网络分析(SNA)就派上用场。概括地说,社会网络分析是对社会关系结构及其属性加以分析的一套规范和方法,它主要分析的是不同社会单位所构成的关系结构及其属性。社会网络分析作为一种相对独立的研究社会结构的方法,已发展成为一种具有专门的概念体系和测量工具的研究范式。社会网络分析将社会视为一个网络图,图中有许多节点,节点与节点用线段相连,其代表行为者之间的关系或联系。节点可能是一个人、一个组织、一个团体,甚至可能是一个国家。社会网络分析主要分析这些行为者的关系状况,寻找关系的特征以及发现这些关系对网络的影响。

国际贸易关系到一个国家的可持续发展,20世纪90年代以来,该领域的研究也越来越关注社会网络理论的运用,但是已有的文献显示在纺织品服装贸易领域还没有人从社会网络分析的视角对全球纺织品服装贸易网络的结构进行测度以及对中国在全球纺织品服装贸易中的地位进行过研究。本研究试图通过社会网络分析方法从对全球纺织品服装贸易网络的结构进行测度,并根据测度结果对中国在全球纺织品服装贸易中的地位进行定量分析,这不仅是一个研究视角的创新,而且能更为全面和准确地了解中国的贸易地位,这对于我们如何科学评价中国纺织品服装贸易的发展以及制定出相应的评价体系有积极的指导作用,而且对于我们清楚地认识世界纺织品服装贸易的竞争环境,实现中国纺织品服装贸易的可持续发展具有积极的意义。

2.1　研究设计及数据说明

本研究选取了世界上 31 个主要的纺织品服装贸易的国家和地区(具体见表 2.1),以这 31 个国家和地区 2017 年的纺织品服装出口额数据为基础进行各个经济体之间的纺织品服装贸易的社会网络分析。由于涉及 31 个经济体,纺织品服装出口数据的采集量很大,且为了统一标准,本研究所用各个经济体之间的纺织品服装出口额数据来源于联合国统计署贸易数据库。

表 2.1　被选为研究样本的 31 个国家和地区

序号	1	2	3	4	5	6	7	8
成员	中国内地	印度	德国	意大利	越南	土耳其	美国	中国香港
序号	9	10	11	12	13	14	15	16
成员	西班牙	法国	比利时	荷兰	韩国	巴基斯坦	印度尼西亚	英国
序号	17	18	19	20	21	22	23	24
成员	波兰	日本	墨西哥	葡萄牙	奥地利	丹麦	斯里兰卡	捷克
序号	25	26	27	28	29	30	31	
成员	澳大利亚	罗马尼亚	阿联酋	摩洛哥	瑞士	加拿大	马来西亚	

文中构建了社会网络分析中常用的邻接矩阵,矩阵的行表示该行所在的经济体对该行所对应的列的经济体的纺织品服装出口额。用 i 表示行对应的经济体,用 j 表示列对应的经济体,矩阵中的每一个数据即表示经济体 i 向经济体 j 的纺织品服装出口额(用 X_{ij} 表示),这样得到一个 31×31 的邻接矩阵。由于各个经济体之间或多或少地存在一定的纺织品服装贸易,为了能更清晰地分析整个纺织品服装贸易的网络结构,本研究设置了 3 种不同的条件,重新构建 3 种不同的邻接矩阵,并对重新构建的 3 种邻接矩阵进行分析。为了便于描述,这 3

种不同的条件对应的情况分别称为状态 1、状态 2、状态 3。

状态 1：只要经济体 i 对经济体 j 有纺织品服装的出口贸易，则令 $X_{ij}=1$，否则 $X_{ij}=0$，从而构建出状态 1 下的新的邻接矩阵。

状态 2：当经济体 i 对经济体 j 纺织品服装的出口贸易大于等于 1 亿美元时，则令 $X_{ij}=1$，否则 $X_{ij}=0$，从而构建出状态 2 下的新的邻接矩阵。

状态 3：当经济体 i 对经济体 j 纺织品服装的出口贸易不低于 10 亿美元时，则令 $X_{ij}=1$，否则 $X_{ij}=0$，从而构建出状态 3 下的新的邻接矩阵。

本研究主要是从全球纺织品服装贸易的网络图和网络密度、中心性、核心—边缘结构的角度对中国在全球纺织品服装贸易中的地位进行分析和诠释。本研究以 UCINET 软件为辅助进行定量计算和相关的研究。

2.2　社会网络分析结果

2.2.1　贸易网络图与网络密度分析

图 2.1~图 2.3 是针对状态 1~状态 3 中的邻接矩阵分别得到的 31 个经济体在 3 种状态中的纺织品服装贸易网络图。

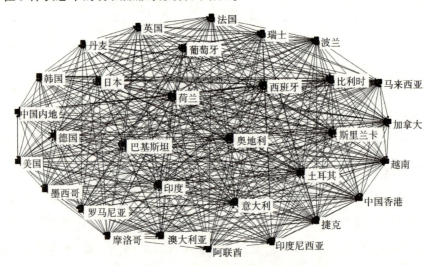

图 2.1　状态 1 中的纺织品服装贸易网络图

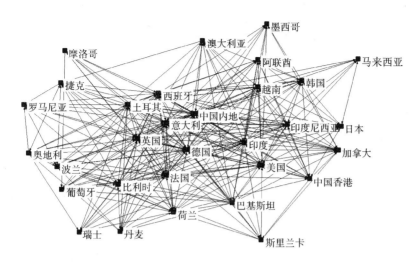

图 2.2　状态 2 中的纺织品服装贸易网络图

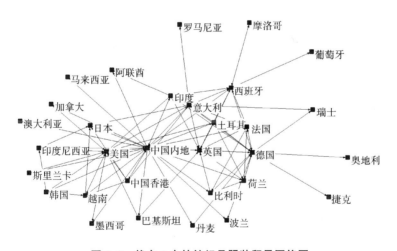

图 2.3　状态 3 中的纺织品服装贸易网络图

通过比较这 3 个网络图,我们可以明显看出纺织品服装贸易网络密度的变化。状态 1 中的各个经济体的贸易链接非常多,其网络密度的具体数值为 1.0000,表明各个经济体之间的贸易联系非常紧密。状态 2 中各个经济体的贸易链接明显减少,其网络密度的具体数值降为 0.4570,较状态 1 中的网络密度大幅降低,表明各个经济体之间的贸易联系较为松散,同时可以直观地观察到部分经济体的贸易链接较少,但是中国仍然拥有大量的贸易链接。状态 3 中各个经济体的贸易链接进一步大量减少,其网络密度的具体数值仅为 0.1172,表明各个经济体之间的贸易联系更为松散,许多经济体仅有一个贸易链接(如罗马尼亚、葡萄牙、奥地利、捷克等),但是中国仍然拥有很多贸易链接。上述结果说明,中国在全球纺织品服装贸易中贸易关系广泛,但随着贸易规模统计标准的提高,中国高贸易额的贸易伙伴随之减少,当然中国仍与其中较多的国家或地区有高额的纺织品服装贸易关系。

2.2.2 中心性分析

程度中心性(Degree Centrality)与中介中心性(Between Centrality)是计算一个经济体在一个贸易网络中最主要的两项结构指标。

本研究计算两种程度中心性:节点程度中心性和群体程度中心性。

① 节点程度中心性是指,在一个社会网络中,如果一个成员与很多其他成员之间存在直接的联系,那么该成员就居于中心地位,在该网络中就拥有较大的权力。节点程度中心性数值可以分为绝对数值和标准化数值。该指标的绝对数值就是与该点直接联系的关系数的总和;标准化数值则是该点的绝对程度中心性与网络的最多关系数之比。本研究使用标准化的节点程度中心性。

②群体程度中心性是评价群体的程度中心性的指标,该指标是指节点程度中心性最高的节点的程度中心性与其他节点的程度中心性间的差距。群体程度中心性越高,表示社会网络的权力越集中到该成员上。

本研究将计算两种中介中心性:节点中介中心性和群体中介中心性。

①节点中介中心性,其本质是网络中所包含成员的所有最短路线的条数占所有最短路线条数的百分比,它表示成员的控制能力,或起到"守门员"作用的概率。可以理解为:成员要到达网络中的所有其他成员,对成员依赖性的大小,或是成员对网络中的其他成员相互作用的控制能力。

②群体中介中心性,这是一个评价整个网络的中介中心性的指标,是网络中节点中介中心性最高的那个节点的中介中心性与其他节点的中介中心性间

的差距。该差距越大,则群体中介中心性的数值越高,表示整个网络对该节点的依赖度越高。

表 2.2 和表 2.3 分别为构建的 3 种不同状态下邻接矩阵的节点程度中心性和群体程度中心性的计算结果。

表 2.2　节点程度中心性

	状态 1				状态 2				状态 3		
名次	国家或地区	节点程度中心性(标准化)		名次	国家或地区	节点程度中心性(标准化)		名次	国家或地区	节点程度中心性(标准化)	
		外向(%)	内向(%)			外向(%)	内向(%)			外向(%)	内向(%)
1	中国内地	100.000	100.000	1	中国内地	100.000	66.667	1	中国内地	80.000	26.667
2	印度	100.000	100.000	2	意大利	86.667	83.333	2	德国	33.333	46.667
3	德国	100.000	100.000	3	印度	83.333	33.333	3	意大利	33.333	20.000
4	意大利	100.000	100.000	4	德国	80.000	80.000	4	印度	20.000	3.333
5	越南	100.000	100.000	5	西班牙	70.000	66.667	5	土耳其	20.000	3.333
6	土耳其	100.000	100.000	6	法国	70.000	80.000	6	西班牙	20.000	26.667
7	美国	100.000	100.000	7	印度尼西亚	66.667	26.667	7	法国	16.667	20.000
8	中国香港	100.000	100.000	8	美国	66.667	73.333	8	越南	13.333	13.333
9	西班牙	100.000	100.000	9	越南	63.333	33.333	9	中国香港	13.333	6.667
10	法国	100.000	100.000	10	土耳其	63.333	53.333	10	美国	13.333	40.000
11	比利时	100.000	100.000	11	英国	63.333	76.667	11	比利时	13.333	13.333
12	荷兰	100.000	100.000	12	巴基斯坦	60.000	13.333	12	荷兰	13.333	13.333
13	韩国	100.000	100.000	13	中国香港	56.667	36.667	13	韩国	13.333	6.667
14	巴基斯坦	100.000	100.000	14	比利时	53.333	63.333	14	巴基斯坦	6.667	3.333
15	印度尼西亚	100.000	100.000	15	韩国	53.333	36.667	15	印度尼西亚	6.667	6.667
16	英国	100.000	100.000	16	荷兰	43.333	63.333	16	英国	3.333	33.333
17	波兰	100.000	100.000	17	日本	40.000	46.667	17	波兰	3.333	6.667
18	日本	100.000	100.000	18	奥地利	36.667	40.000	18	日本	3.333	16.667
19	墨西哥	100.000	100.000	19	波兰	33.333	50.000	19	墨西哥	3.333	6.667
20	葡萄牙	100.000	100.000	20	丹麦	30.000	33.333	20	葡萄牙	3.333	3.333
21	奥地利	100.000	100.000	21	捷克	30.000	40.000	21	奥地利	3.333	3.333

续表

状态 1				状态 2				状态 3			
名次	国家或地区	节点程度中心性（标准化）		名次	国家或地区	节点程度中心性（标准化）		名次	国家或地区	节点程度中心性（标准化）	
		外向(%)	内向(%)			外向(%)	内向(%)			外向(%)	内向(%)
22	丹麦	100.000	100.000	22	葡萄牙	26.667	36.667	22	丹麦	3.333	3.333
23	斯里兰卡	100.000	100.000	23	罗马尼亚	23.333	36.667	23	斯里兰卡	3.333	3.333
24	捷克	100.000	100.000	24	斯里兰卡	23.333	16.667	24	捷克	3.333	3.333
25	澳大利亚	100.000	100.000	25	澳大利亚	23.333	33.333	25	澳大利亚	3.333	3.333
26	罗马尼亚	100.000	100.000	26	马来西亚	20.000	20.000	26	罗马尼亚	3.333	3.333
27	阿联酋	100.000	100.000	27	瑞士	16.667	30.000	27	加拿大	3.333	6.667
28	摩洛哥	100.000	100.000	28	摩洛哥	13.333	20.000	28	摩洛哥	3.333	3.333
29	瑞士	100.000	100.000	29	阿联酋	6.667	46.667	29	瑞士	3.333	6.667
30	加拿大	100.000	100.000	30	墨西哥	6.667	30.000	30	阿联酋	0	6.667
31	马来西亚	100.000	100.000	31	加拿大	6.667	50.000	31	马来西亚	0	3.333

表 2.3　群体程度中心性

项目	状态 1		状态 2		状态 3	
	外向	内向	外向	内向	外向	内向
群体程度中心性	0.000	0.000	56.111%	38.889%	70.556%	36.111%

表 2.2 中节点程度中心性的计算结果显示,在状态 1 中,包括中国内地在内的所有 31 个经济体的外向和内向节点程度中心性(分别表示出口和进口的节点程度中心性)均达到 100%,说明中国内地与其他 30 个经济体在纺织品服装的出口和进口上都有贸易联系,而且所有的经济体与其他 30 个经济体之间在纺织品服装的出口和进口上均有贸易联系。在状态 2 中,节点程度中心性明显降低,中国内地的外向节点程度中心性为 100%,但内向节点程度中心性只有66.667%,说明 30 个经济体均是中国内地的出口贸易伙伴,而中国内地进口额达到 1 亿美元贸易规模的进口贸易伙伴大量减少。在状态 3 中,节点程度中心性出现大幅降低的情况。中国内地的外向节点程度中心性降为 80%,这说明中

国内地对外出口纺织品服装金额到达 10 亿美元以上的贸易伙伴进一步减少，但是还是有较多的贸易伙伴，同时中国内地的外向节点程度中心性仍然排在首位，远大于其他的国家或地区(如德国和意大利的外向节点程度中心性均只有33.333%，印度和土耳其只有 20，美国仅有 13.333%)，说明中国内地的纺织品服装出口贸易的出口市场分布较之其他的国家或地区更为广泛。中国内地内向节点程度中心性仅有 26.667%，这说明对中国内地进口纺织品服装金额到达10 亿美元以上的贸易伙伴偏少，而且中国内地的该指标比德国(46.667%)、美国(40%)低，也说明中国内地纺织品服装的进口市场分布不广泛，较为集中。

表 2.3 中的群体程度中心性显示，在状态 1 中该指标非常低，外向和内向群体程度中心性均为 0；在状态 2 中，外向群体程度中心性达到 56.111%，内向群体程度中心性达到 38.889%；状态 3 中的该指标也较高，外向和内向指标分别达到 70.556% 和 36.111%。数据显示，在没有限制条件的状态时，中国内地在整个纺织品服装贸易网络中的地位不明显，当限制条件设为大于等于 1 亿美元贸易额的状态时，中国内地在整个纺织品服装贸易网络中的重要地位非常明显地突显出来了，当限制条件设为大于等于 10 亿美元贸易额的状态时，中国内地在整个纺织品服装贸易网络中的重要地位也非常明显地突显出来，而且在状态 2 和状态 3 中均显示出中国内地在纺织品服装贸易中出口贸易的地位远高于进口贸易的地位。

表 2.4 和表 2.5 分别为构建的 3 种不同状态下邻接矩阵的节点中介中心性和群体中介中心性的计算结果。

表 2.4　节点中介中心性

状态 1			状态 2			状态 3		
名次	国家或地区	节点程度中心性（标准化）	名次	国家或地区	节点程度中心性（标准化）	名次	国家或地区	节点程度中心性（标准化）
1	中国内地	0	1	美国	12.079	1	中国内地	53.199
2	印度	0	2	中国内地	9.538	2	意大利	33.458
3	德国	0	3	意大利	8.335	3	德国	31.542

	状态 1			状态 2			状态 3	
名次	国家或地区	节点程度中心性（标准化）	名次	国家或地区	节点程度中心性（标准化）	名次	国家或地区	节点程度中心性（标准化）
4	意大利	0	4	德国	6.085	4	美国	17.797
5	越南	0	5	法国	4.993	5	西班牙	12.787
6	土耳其	0	6	英国	3.836	6	法国	2.778
7	美国	0	7	西班牙	3.581	7	日本	1.418
8	中国香港	0	8	印度	2.912	8	英国	0.977
9	西班牙	0	9	土耳其	2.273	9	越南	0.747
10	法国	0	10	比利时	1.735	10	中国香港	0.575
11	比利时	0	11	荷兰	1.117	11	荷兰	0.086
12	荷兰	0	12	日本	1.113	12	韩国	0.057
13	韩国	0	13	越南	0.944	13	比利时	0.057
14	巴基斯坦	0	14	中国香港	0.791	14	印度尼西亚	0.038
15	印度尼西亚	0	15	印度尼西亚	0.666	15	土耳其	0.000
16	英国	0	16	韩国	0.651	16	巴基斯坦	0.000
17	波兰	0	17	奥地利	0.298	17	印度	0.000
18	日本	0	18	澳大利亚	0.268	18	波兰	0.000
19	墨西哥	0	19	巴基斯坦	0.257	19	墨西哥	0.000
20	葡萄牙	0	20	葡萄牙	0.215	20	葡萄牙	0.000
21	奥地利	0	21	捷克	0.204	21	奥地利	0.000
22	丹麦	0	22	波兰	0.192	22	丹麦	0.000
23	斯里兰卡	0	23	阿联酋	0.128	23	斯里兰卡	0.000
24	捷克	0	24	加拿大	0.109	24	捷克	0.000
25	澳大利亚	0	25	瑞士	0.026	25	澳大利亚	0.000
26	罗马尼亚	0	26	罗马尼亚	0.024	26	罗马尼亚	0.000
27	阿联酋	0	27	丹麦	0.021	27	阿联酋	0.000
28	摩洛哥	0	28	马来西亚	0.013	28	摩洛哥	0.000
29	瑞士	0	29	斯里兰卡	0.010	29	瑞士	0.000
30	加拿大	0	30	墨西哥	0	30	加拿大	0.000
31	马来西亚	0	31	摩洛哥	0	31	马来西亚	0.000

表 2.5　群体中介中心性

项目	状态 1	状态 2	状态 3
群体程度中心性	0	10.40%	49.79%

表2.4 中节点中介中心性的计算结果显示,在状态 1 中,由于各个国家或地区之间或多或少都存在一定量的纺织品服装贸易,所以网络的连通性很强。31 个国家和地区中节点中介中心性均为 0,没有体现出网络节点的分化。在状态 2 中,节点中介中心性的差异比较明显地显现出来。美国的节点中介中心性最高,到达 12.079%,中国内地、意大利、德国、法国、英国、西班牙、印度、土耳其、比利时为随后的 2~10 名。中国内地的节点中介中心性为 9.538%,较之美国存在一定差距。而墨西哥、摩洛哥的节点中介中心性为 0,反映出这些国家在纺织品服装贸易网络中的作用很小。在状态 3 中,节点中介中心性的差异就非常明显了,中国内地排在第一位,达到 53.199%,随后的 2~10 名依次是意大利、德国、美国、西班牙、法国、日本、英国、越南、中国香港。意大利排第二名,节点中介中心性为 33.458%,远低于中国内地。土耳其、巴基斯坦等 17 个国家的节点中介中心性均为 0。上述数据显示,当没有限制贸易规模时,由于没有现出网络节点的分化,因此中国内地在贸易网络中的核心地位不明显;当贸易规模达到 1 亿美元时,中国内地在贸易网络中的核心地位得到体现;当贸易规模达到 10 亿美元时,由于中国内地排在第一位,且节点中介中心性的差异非常明显,因此中国内地在贸易网络中的核心地位非常明显和突出,显示出中国内地对世界纺织品服装贸易有着重要影响。

表 2.5 中群体中介中心性的计算结果显示,在状态 1 中,纺织品服装贸易网络的群体中介中心性极低,为 0,说明各节点之间的联系没有差别,贸易网络不存在明显的中心。在状态 2 中,群体中介中心性明显上升,达到 10.40%,反映出中国内地在整个纺织品服装贸易网络中的中心地位比较明显地显现。在状态 3 中,群体中介中心性继续大幅上升,达到 49.79%,中国内地作为纺织品服装贸易网络的中心地位凸显,说明中国内地在超过 10 亿美元的纺织品服装贸易网络中占有绝对主导地位。

2.2.3 核心—边缘结构分析

世界体系理论认为,整个世界是由核心地带、半边缘地带和边缘地带组成。核心—边缘结构分析是根据网络中节点之间联系的紧密程度,将网络中的节点分成两个区域,核心区域和边缘区域,处于核心区域的节点在网络中占有比较重要的地位。

该分析需要使用核心度(Coreness)指标。31 个国家和地区的核心度指标见表 2.6。若核心度>0.1,则该成员归于核心地带;若 $0.01 \leqslant$ 核心度 $\leqslant 0.1$,则该成员归于半核心地带;若核心度<0.01,则该成员归于边缘地带。

表 2.6 核心度

状态 1			状态 2			状态 3		
名次	国家或地区	核心度	名次	国家或地区	核心度	名次	国家或地区	核心度
1	中国内地	0.180	1	中国内地	0.272	1	中国内地	0.429
2	印度	0.180	2	印度	0.194	2	印度	0.173
3	德国	0.180	3	德国	0.258	3	德国	0.347
4	意大利	0.180	4	意大利	0.280	4	意大利	0.288
5	越南	0.180	5	越南	0.176	5	越南	0.176
6	土耳其	0.180	6	土耳其	0.219	6	土耳其	0.173
7	美国	0.180	7	美国	0.235	7	美国	0.236
8	中国香港	0.180	8	中国香港	0.183	8	中国香港	0.159
9	西班牙	0.180	9	西班牙	0.249	9	西班牙	0.245
10	法国	0.180	10	法国	0.246	10	法国	0.233
11	比利时	0.180	11	比利时	0.220	11	比利时	0.183
12	荷兰	0.180	12	荷兰	0.202	12	荷兰	0.181
13	韩国	0.180	13	韩国	0.171	13	韩国	0.154
14	巴基斯坦	0.180	14	巴基斯坦	0.131	14	巴基斯坦	0.111
15	印度尼西亚	0.180	15	印度尼西亚	0.160	15	印度尼西亚	0.110
16	英国	0.180	16	英国	0.242	16	英国	0.212

续表

	状态 1			状态 2			状态 3	
名次	国家或地区	核心度	名次	国家或地区	核心度	名次	国家或地区	核心度
17	波兰	0.180	17	波兰	0.162	17	波兰	0.123
18	日本	0.180	18	日本	0.157	18	日本	0.151
19	墨西哥	0.180	19	墨西哥	0.100	19	墨西哥	0.108
20	葡萄牙	0.180	20	葡萄牙	0.128	20	葡萄牙	0.093
21	奥地利	0.180	21	奥地利	0.161	21	奥地利	0.098
22	丹麦	0.180	22	丹麦	0.126	22	丹麦	0.104
23	斯里兰卡	0.180	23	斯里兰卡	0.087	23	斯里兰卡	0.092
24	捷克	0.180	24	捷克	0.146	24	捷克	0.102
25	澳大利亚	0.180	25	澳大利亚	0.120	25	澳大利亚	0.113
26	罗马尼亚	0.180	26	罗马尼亚	0.138	26	罗马尼亚	0.090
27	阿联酋	0.180	27	阿联酋	0.111	27	阿联酋	0.099
28	摩洛哥	0.180	28	摩洛哥	0.082	28	摩洛哥	0.078
29	瑞士	0.180	29	瑞士	0.113	29	瑞士	0.117
30	加拿大	0.180	30	加拿大	0.113	30	加拿大	0.113
31	马来西亚	0.180	31	马来西亚	0.083	31	马来西亚	0.086

核心度数据显示,在状态 1 中,所有国家或地区的核心度均为 0.180,表明所有国家或地区均处于核心地带;而在状态 2 中,仅摩洛哥、马来西亚、斯里兰卡三个国家的核心度在 0.01~0.1 之间,其余 28 个国家或地区的核心度均在 0.1 以上,核心地带国家或地区由 31 个减少到 28 个,而半核心地带国家和地区有所增加,达到 3 个。在状态 3 中,葡萄牙、奥地利、斯里兰卡、罗马尼亚、阿联酋、摩洛哥、马来西亚这 7 个国家的核心度在 0.01~0.1 之间,其余 24 个国家或地区的核心度均在 0.1 以上,核心地带国家或地区由 28 个减少到 24 个。

表 2.6 数据显示:状态 1 中,中国内地与其他国家或地区的核心度无区分,都是 0.180。状态 2 中,中国内地的核心度为 0.272,排第三名(第一名为意大利,核心度为 0.280)。状态 3 中,中国内地的核心度提升到 0.429,排名第一。

上述三个状态的数据均显示：如果不考察贸易额的大小，那么31个经济体均处于核心区域中，但是一旦提高贸易额的门槛，少数经济体就会被排除在核心区域之外，但大多数经济体能位于核心区域。无论贸易额存于哪种状态，中国内地在全球纺织品服装贸易网络中均处于核心地位。并且随着贸易统计规模的扩大，中国内地在世界纺织品服装贸易网络中的核心程度在增强，在状态2和状态3中，中国内地的核心程度排名非常高。表2.7为核心区域国家或地区汇总。

表 2.7　核心—边缘结构分析结果

状态	核心区域的国家或地区
状态1	所有31个国家或地区
状态2	除摩洛哥、马来西亚、斯里兰卡之外的28个国家或地区
状态3	除葡萄牙、奥地利、斯里兰卡、罗马尼亚、阿联酋、摩洛哥、马来西亚之外的24个国家或地区

2.2.4　基于块模型的角色地位分析

在世界纺织品服装网络中，块模型可以测度一个或多个成员在多大程度上扮演相同角色或发挥相同的功能，实际上也就是分析网络中是否存在小群体以及小群体的组成。所谓小群体，一般指相对稳定、人数不多、有共同目标、相互接触较多的联合体。本研究运用 UCINENT 软件的迭代相关收敛法（Convergent Correlation，缩写为 CONCOR）对3个状态的世界纺织品服装贸易网络进行分析。

2.2.4.1　世界纺织品服装贸易网络分区

笔者发现，状态1中世界纺织品服装贸易网络没有出现分区的情况，即所有31个国家和地区均在一个分区。

状态2和状态3中世界纺织品服装贸易网络均被分为8个区，具体分区见表2.8和表2.9。

表 2.8　状态 2 世界纺织品服装贸易网络分区结果

分区	名称	成员
1 区	亚洲群体 1	中国内地、斯里兰卡、巴基斯坦
2 区	亚洲群体 2	韩国、印度、马来西亚、中国香港、越南、印度尼西亚
3 区	高收入群体	澳大利亚、美国、日本、阿联酋
4 区	北美群体	墨西哥、加拿大
5 区	欧洲群体 1	土耳其、德国、法国、意大利、西班牙
6 区	欧洲群体 2	英国、比利时、荷兰
7 区	欧洲群体 3	奥地利、丹麦、罗马尼亚、波兰、捷克
8 区	其他群体	瑞士、葡萄牙、摩洛哥

表 2.9　状态 3 世界纺织品服装贸易网络分区结果

分区	特征	成员
1 区	亚洲群体 1	中国内地、越南
2 区	高收入群体	日本、美国、中国香港、韩国、澳大利亚
3 区	亚洲群体 2	印度、马来西亚、阿联酋
4 区	其他群体 1	墨西哥、巴基斯坦、斯里兰卡、加拿大、印度尼西亚
5 区	欧洲群体 1	土耳其、罗马尼亚、德国
6 区	其他群体 2	葡萄牙、摩洛哥
7 区	欧洲群体 2	意大利、法国、英国、荷兰、比利时、西班牙
8 区	欧洲群体 3	丹麦、奥地利、瑞士、波兰、捷克

　　状态 2 的 1 区和 2 区中的经济体均是亚洲国家或地区,因此被归入"亚洲群体 1"和"亚洲群体 2"。状态 3 的 1 区和 3 区的经济体均是亚洲国家或地区,因此被归入"亚洲群体 1"和"亚洲群体 2"。状态 1 中的亚洲群体共计 9 个经济体,状态 2 中的亚洲群体共计 5 个经济体,"亚洲群体"的经济体数量有所下降,其中中国内地、印度、马来西亚、越南一直维持在该群体。数据表明:在世界纺织品服装贸易网络中,随着贸易规模统计标准提升,亚洲群体的范围有所缩减,

但该群体的核心力量较稳定。

状态 2 的 3 区中的经济体都是高收入经济体,因此命名为"高收入群体"。状态 3 的 2 区中的经济体都是高收入经济体,因此也命名为"高收入群体"。状态 2 的高收入群体包括的经济体有 4 个:澳大利亚、美国、日本、阿联酋,状态 3 的高收入群体包括的经济体有 5 个:日本、美国、中国香港、韩国、澳大利亚,可以发现美国、日本、澳大利亚这三国一直维持在该群体。数据表明:世界纺织品服装贸易网络中,随着贸易规模统计标准提升,中国香港、韩国加入到高收入群体,高收入群体中的亚洲经济体的作用得到进一步显现,且该群体的核心力量较稳定。

2.2.4.2 世界纺织品服装贸易网络的交互性与自反性

为了作进一步的分析,我们列出了世界纺织品服装贸易网络的密度矩阵(表 2.10 和表 2.11)。由于状态 1 中世界纺织品服装贸易网络没有出现分区的情况,即所有 31 个国家和地区均在一个分区,因此状态 1 无密度矩阵。本研究主要对状态 2 和状态 3 的密度矩阵进行分析。

状态 2 和状态 3 世界纺织品服装贸易网络的整体密度值分别为 0.4570 和 0.1172,将这两个状态的整体密度值分别与各个状态的密度矩阵中的密度值进行比较,若密度矩阵中某单元格密度值大于整体密度值,则表明该单元格所关联的两个分区存在较强的交互性,反之则表明存在较弱的交互性。例如:表 2.10 中,1 区对 5 区交叉的单元格密度为 0.800,远大于整体密度值 0.4570,这表明 1 区向 5 区出口的纺织品服装多,而 5 区对 1 区交叉的单元格密度为 0.400,远小于整体密度值,这表明 5 区向 1 区出口的纺织品服装少,5 区更多的是从 1 区进口纺织品服装。同一个分区之间也有交叉的单元格,若该单元格密度值大于整体密度值,则表明该分区存在显著的自反性。例如:表 2.10 中,2 区与 2 区交叉的单元格密度值为 0.833,表明 2 区内部的成员之间相互进行纺织品服装进口和出口的贸易行为比较显著。为了容易辨认,本书特将表 2.10 和表 2.11 中密度值高于整体密度值的单元格涂为灰色。

表 2.10　状态 2 世界纺织品服装网络的密度矩阵

区号	1 区	2 区	3 区	4 区	5 区	6 区	7 区	8 区
1 区	0.667	0.333	0.750	0.667	0.800	1.000	0.467	0.444
2 区	0.556	0.833	0.833	0.667	0.833	0.667	0.067	0.056
3 区	0.417	0.667	0.417	0.250	0.450	0.250	0.050	0.000
4 区	0.000	0.000	0.250	1.000	0.000	0.000	0.000	0.000
5 区	0.400	0.267	0.800	0.800	0.950	1.000	0.960	1.000
6 区	0.222	0.056	0.500	0.000	1.000	1.000	0.933	0.444
7 区	0.067	0.000	0.000	0.000	0.800	0.800	0.600	0.067
8 区	0.111	0.000	0.167	0.000	0.600	0.444	0.000	0.167

表 2.11　状态 3 世界纺织品服装网络的密度矩阵

区号	1 区	2 区	3 区	4 区	5 区	6 区	7 区	8 区
1 区	1.000	0.800	0.500	0.500	0.333	0.000	0.500	0.200
2 区	0.800	0.150	0.000	0.120	0.000	0.000	0.000	0.000
3 区	0.167	0.067	0.167	0.000	0.111	0.000	0.111	0.000
4 区	0.000	0.240	0.000	0.000	0.000	0.000	0.033	0.000
5 区	0.000	0.067	0.000	0.000	0.167	0.000	0.611	0.267
6 区	0.000	0.000	0.000	0.000	0.000	0.000	0.167	0.000
7 区	0.083	0.100	0.000	0.000	0.389	0.167	0.533	0.033
8 区	0.000	0.000	0.000	0.000	0.333	0.000	0.000	0.000

状态 2 中,具有较强交互性或自反性的单元格共计 28 个;1 区、2 区和 5 区对区外出口的纺织品服装较多,3 区、5 区和 6 区从区外进口的纺织品服装较多,这些区与较多数量的区之间存在较强的交互性;3 区、4 区和 8 区与其他区发生的纺织品服装出口贸易较少,1 区、2 区和 8 区发生的从其他区进口的纺织品服装贸易较少;1 区、2 区、4 区、5 区、6 区和 7 区的经济体存在显著的自反性,即各个区内部的经济体之间存在比较显著的相互进行纺织品服装进口和出口贸易的行为。

状态 3 中,具有较强交互性或自反性的单元格共计 20 个;1 区对区外出口的纺织品服装较多,7 区从区外进口的纺织品服装较多,这些区与较多数量的区之间存在较强的交互性;3 区、4 区、6 区和 8 区与其他区发生的纺织品服装出口贸易较少,3 区和 6 区从其他区进口的纺织品服装贸易较少;1 区、2 区、3 区和 7 区的经济体存在显著的自反性,即各个区内部的经济体之间存在比较显著的相互进行纺织品服装进口和出口贸易的行为。

数据显示,随着贸易规模统计标准提升,具有较高交互性或自反性的群体数量存在减少的状况,纺织品服装贸易额越高,贸易发生在更为集中的少数群体之间的状况越明显。在状态 2 中,由于 1 区对 3 区、5 区和 6 区的密度值较高,这反映出中国内地在状态 2 对"高收入群体"的经济体以及"欧洲群体 1"和"欧洲群体 2"的经济体的纺织品服装出口较多。在状态 3 中,由于 1 区对 1 区和 2 区的密度值较高,这反映出中国内地在状态 3 对"亚洲群体 1"的经济体以及"高收入群体"的经济体出口的纺织品服装较多。美国、日本、澳大利亚在状态 2 和状态 3 中一直处于高收入群体,这也表明中国内地对美国、日本、澳大利亚的出口均较多。同时,随着贸易规模统计标准提升,中国内地的纺织品服装出口方向从对欧洲国家的出口转向对亚洲内部的高收入经济体(如中国香港、韩国)的高额出口。

2.3　研究结论

利用社会网络分析方法,借助 UCINET 软件对全球纺织品服装贸易网络结构进行了测度,笔者发现多个指标的测度中均显示出在不同的贸易规模下的贸易网络结构特征有较大的差异。以网络密度为例可以看到,状态 1 至状态 3 的网络密度分别为 1.0000、0.4570 和 0.1172,反映出经济体间的贸易联系在状态 1 中最为紧密,而在状态 3 中最为松散。

本研究还根据网络结构的测度结果对中国在全球纺织品服装贸易中的贸易地位进行定量分析,分析结果如下。

2.3.1　总体上,中国在全球纺织品服装贸易中贸易关系广泛,但随着贸易规模的扩大,中国的贸易伙伴随之减少

通过贸易网络图可以直观地观察到中国内地在全球纺织品服装贸易市场除了与世界上众多的主要纺织品服装贸易国家或地区存在贸易关系之外,而且与其中较多的国家或地区有高额的纺织品服装贸易关系。当贸易规模达到1 亿美元时,贸易伙伴减少;当贸易规模达到 10 亿美元时,中国内地的贸易伙伴进一步减少。

2.3.2　中国在出口市场分布与进口市场分布的广泛性存在差异

在出口市场方面,虽然中国内地出口贸易规模达到 10 亿美元的出口贸易伙伴出现减少的情况,但还是有较多的贸易伙伴,而且同时中国内地的外向节点程度中心性仍然排在第一位,远大于其他的国家或地区,说明中国内地的纺织品服装出口贸易的出口市场分布较之其他国家更为广泛。在进口市场方面,中国内地进口规模达到 1 亿美元时的进口贸易伙伴就出现大量减少的情况,进口规模达到 10 亿美元时的进口贸易伙伴明显偏少,而且指标反映出中国内地此时的纺织品服装的进口市场分布不广泛,较为集中。

2.3.3　当对贸易规模没有限制时,中国在纺织品服装贸易网络中的贸易地位不明显

节点程度中心性分析、核心—边缘结构分析的结果显示,在对贸易规模没有限制时,中国的核心作用并不明显,贸易地位没有突显出来,中国与很多经济体在贸易网络中的贸易地位差异不大。

2.3.4　当贸易规模达到 1 亿美元或 10 亿美元时,中国在纺织品服装贸易网络中的贸易地位明显地突显出来

节点程度中心性分析、核心—边缘结构分析的结果显示在 1 亿美元、10 亿美元的贸易规模中虽然我国的贸易地位存在一定差异,但结果总体上显示出中

国的贸易地位明显地突显出来,表明中国在全球纺织品服装贸易网络中存于明显的核心地位,显示出中国对世界纺织品服装贸易有着重要影响。

2.3.5 中国在纺织品服装贸易中出口贸易的地位远高于进口贸易的地位

虽然状态1中的中心性数据没有体现出中国的出口贸易地位和进口贸易地位存在差异,但是状态2和状态3中的中心性数据均显示中国在纺织品服装贸易中出口贸易的地位远高于进口贸易的地位,说明中国在世界纺织品服装贸易中出口贸易对世界的影响高于进口贸易。

2.3.6 亚洲群体的范围有所缩减,高收入群体中的亚洲经济体作用得到显现

在世界纺织品服装贸易网络中,随着贸易规模统计标准提升,亚洲群体的范围有所缩减,但该群体的核心力量较稳定,中国内地、印度、马来西亚、越南一直维持在该群体。随着贸易规模统计标准提升,中国香港、韩国加入高收入群体,高收入群体中的亚洲经济体的作用得到进一步显现,且高收入群体的核心力量较稳定,美国、日本、澳大利亚这三国一直维持在该群体。

2.3.7 具有较高交互性或自反性的群体数量减少,中国出口存在转向状况

随着贸易规模统计标准提升,具有较高交互性或自反性的群体数量存在减少的状况,纺织品服装贸易额越高,贸易发生在更为集中的少数群体之间的状况越明显。同时,中国内地的纺织品服装出口方向从对欧洲国家的出口转向对亚洲内部的高收入经济体(如中国香港、韩国)的高额出口。

本研究运用社会网络分析方法对纺织品服装贸易结构进行了测度,并定量分析中国在全球纺织品服装贸易网络中的贸易地位,这对于定量分析纺织品服装贸易网络的结构特征和识别中国的贸易地位提供了有效的思路和全新的视角。当然,如果能选取更多、更大范围的纺织品服装贸易经济体的样本数据,则能得出更为全面、客观的结论。

第3章 反倾销对中国纺织品服装
国际竞争力的影响效应分析

虽然我国纺织品服装出口贸易在不断发展,但我国纺织品服装贸易面临多方面的问题,其中非常严重的问题就是不断遭遇大量的贸易摩擦案件,而其中反倾销案件现已成为最为主要的贸易摩擦案件之一。本课题以贸易摩擦中最为突出的反倾销作为研究对象,分析其对中国纺织品服装国际竞争力的影响。

3.1 遭受反倾销的中国纺织品服装研究样本的选取

本书选取 5 个涉案纺织品服装为代表进行研究。为了能使选取的涉案纺织品服装具有较普遍的代表性,本书在选取涉案纺织品服装研究样本时主要基于下面几个方面的考虑:

(1)反倾销的国家既要有发达国家又要有发展中国家;

(2)选取的纺织品服装需要是不同的具体产品;

(3)为了能有效比较遭受反倾销前后的国际竞争力变化,选取的该纺织品服装在立案年份前未被同一国重复反倾销;

(4)相关数据具有可获得性。

最终选定的 5 个涉案纺织品服装见表 3.1。

表 3.1 遭受反倾销的中国纺织品服装研究样本

序号	立案年份(T)	涉案产品	立案国家
1	2008	亚麻织物	印度
2	2008	聚酯预取向丝	韩国
3	2009	编织电热毯	美国
4	2010	男士西服套装或西服式上衣	阿根廷
5	2010	牛仔布	墨西哥

3.2 中国纺织品服装国际竞争力测算

衡量产业或产品国际竞争力的指标有多种,本书采用以下两大类:一类是比较优势指标,常用的指标为显性比较优势指数;另一类是竞争优势指标,常用的指标为国际市场占有率、市场渗透率、贸易竞争指数。各国产业在世界经济体系中的地位是由多种因素所决定的,从国际分工的角度看,比较优势具有决定性作用;从产业竞争的角度看,竞争优势又起到决定性作用。而在现实中,比较优势和竞争优势实际上共同决定各国各产业的国际地位及其变化趋势。本课题以我国遭受反倾销的涉案纺织品服装为例,测算上述反映我国纺织品服装国际竞争力的各类指标,分析中国纺织品服装国际竞争力在遭受反倾销前后的情况。由于涉案产品在反倾销立案调查前一年的情况会受到进口国反倾销调查当局重点关注,因此从反倾销立案前一年开始测算。用 T 表示立案年份,本书测算了 $T-1$、T、$T+1$、$T+2$、$T+3$、$T+4$ 共计 6 个年份的国际竞争力指标的变化情况。

3.2.1 比较优势指标

本书使用美国经济学家巴拉萨于 1965 年提出的且现在使用非常广泛的显性比较优势指数(Revealed Comparative Advantage, RCA)来表示中国纺织品服装比较优势方面的国际竞争力大小。该指数用一国某种产品出口占该国总出口的份额与世界该产品出口占世界总出口的份额的比率来表示。其计算公式为:

$$\mathrm{RCA}_{ij} = \frac{X_{ij}/X_i}{X_{wj}/X_w}$$

式中:X_{ij} 为 i 国 j 产品的出口额;X_i 为 i 国所有产品的出口总额;X_{wj} 为世界 j 产品的出口额;X_w 为世界所有产品的出口总额。

一般认为,当 RCA≥2.5 时,该国 j 产品具有明显的比较优势,出口竞争力极强;当 1.25≤RCA< 2.5 时,该国 j 产品具有比较优势,出口竞争力较强;当 0.8≤RCA<1.25 时,表明该国 j 产品具有中等竞争力;当 0<RCA<0.8 时,则该国 j

产品不具有比较优势,出口竞争力较弱。计算比较优势指标所需的各类贸易数据来自联合国 UNcomtrade 数据库。比较优势指标的具体计算结果见表 3.2。

表 3.2　中国涉案纺织品服装比较优势指标

年份	显性比较优势指数				
	亚麻织物	聚酯预取向丝	编织电热毯	男士西服套装 或西服式上衣	牛仔布
$T-1$	2.44	4.35	6.72	3.09	2.55
T	2.69	6.22	7.08	2.96	2.79
$T+1$	2.90	2.01	6.42	2.82	2.97
$T+2$	3.25	1.84	6.58	2.52	2.66
$T+3$	3.42	1.43	6.52	2.51	2.66
$T+4$	3.21	1.74	6.58	2.87	2.72

资料来源:根据联合国统计署数据库数据计算得到

表 3.2 的显性比较优势指数显示,我国亚麻织物、编织电热毯、男士西服套装或西服式上衣、牛仔布这四种产品具有非常明显的比较优势(除了亚麻织物在 $T-1$ 年的显性比较优势指数为 2.44、略低于 2.5 外,其显性比较优势指数在 $T-1$ 至 $T+4$ 年都大于 2.5),出口竞争力极强。而且这 4 种产品的显性比较优势指数在立案后呈现上升或略有下降的状况,这显示出反倾销对这 4 种产品的比较优势无负面影响或负面影响很小。但是反倾销对聚酯预取向丝的比较优势的负面影响非常明显,反倾销立案后,该种产品的显性比较优势指数由 T 年的 6.22 下降到 $T+4$ 年的 1.74。即便如此,聚酯预取向丝的显性比较优势指数仍大于 1.25,说明该产品仍具备中等竞争力。

3.2.2　竞争优势指标

本书使用国际市场占有率、市场渗透率、贸易竞争指数 3 个指标表示中国纺织品服装竞争优势方面的国际竞争力大小。

(1)国际市场占有率(International Market Share,IMS)表示该国产品在国际市场上所占份额的大小,其计算公式为:

$$IMS_{ij} = X_{ij}/X_{wj}$$

式中:X_{ij} 为 i 国 j 产品的出口额;X_{wj} 为世界 j 产品的出口额。

(2)市场渗透率(Market Penetration,MP),能反映一国产品在特定市场的竞争力,其计算公式为:

$$MP_{ij} = X_j/M_j$$

式中:X_j 为目标国从本国进口 j 产品的总额;M_j 为目标国从世界市场进口产品 j 的总额。

(3)贸易竞争指数(Trade Competitive Index,TC),是指一国某种产品净出口额与该产品进出口总额之比,其计算公式为:

$$TC_i = (X_{ij} - M_{ij})/(X_{ij} + M_{ij})$$

式中:X_{ij} 为 i 国 j 产品的出口额;M_{ij} 为 i 国 j 产品的进口额。该指数是贸易总额的相对值,它的取值范围始终在-1与1之间,越接近1表明出口竞争力越强,越接近-1,表明出口竞争力越弱。

中国涉案纺织品服装的国际市场占有率具体数据见表3.3,中国涉案纺织品服装的市场渗透率具体数据见表3.4,中国涉案纺织品服装的贸易竞争指数具体数据见表3.5。计算竞争优势指标所需的各类贸易数据来自联合国UNcomtrade数据库。

表3.3 中国涉案纺织品服装竞争优势指标——国际市场占有率

年份	竞争优势指标				
	亚麻织物	聚酯预取向丝	编织电热毯	男士西服套装或西服式上衣	牛仔布
$T-1$	21.93	39.11	61.39	30.38	25.08
T	24.58	56.89	69.56	31.06	29.26
$T+1$	28.50	19.75	67.41	29.80	31.35
$T+2$	34.09	19.34	69.41	28.73	30.36
$T+3$	36.09	15.14	74.39	29.69	31.40
$T+4$	36.56	19.86	77.72	36.12	34.20

资料来源:根据联合国统计署数据库数据计算得到

表 3.3 的国际市场占有率显示,我国亚麻织物、聚酯预取向丝、编织电热毯、男士西服套装或西服式上衣、牛仔布这 5 种产品均有较高的国际市场占有率。其中编织电热毯的国际市场占有率最高,达到 60%～80%,说明编织电热毯这种产品通过国际市场占有率表现出来的竞争优势很强。

比较立案及立案前后的国际市场占有率可以发现,聚酯预取向丝和男士西服套装或西服式上衣在立案后出现下降的状况,其中聚酯预取向丝的国际市场占有率出现了非常明显的大幅下降,由 T 年的 56.89% 下降到 $T+4$ 年的 19.86%;而男士西服套装或西服式上衣的市场占有率的下降幅度很小。其余 3 种产品的国际市场占有率从 $T-1$ 年开始总体上在不断上升。

表 3.4　中国涉案纺织品服装竞争优势指标——市场渗透率

年份	竞争优势指标				
	亚麻织物	聚酯预取向丝	编织电热毯	男士西服套装或西服式上衣	牛仔布
$T-1$	70.97	13.25	99.15	37.55	11.09
T	80.38	9.32	99.23	37.46	18.61
$T+1$	74.38	2.25	87.53	22.81	14.67
$T+2$	82.40	2.26	92.00	7.43	14.26
$T+3$	80.97	1.54	99.20	7.21	10.38
$T+4$	80.98	2.46	93.90	4.41	10.22

资料来源:根据联合国统计署数据库数据计算得到

市场渗透率更能专业地反映中国的纺织品服装针对某国的竞争优势的大小变化。表 3.4 的数据显示亚麻织物、编织电热毯均有很高的市场渗透率。其中亚麻织物达到 70% 以上,编织电热毯更高达 87% 以上,该指标显示这两种产品具有很高的竞争优势,且这两种产品的市场渗透率在立案及立案前后无大幅的变化,仍维持了很高的市场渗透率。聚酯预取向丝、男士西服套装或西服式上衣、牛仔布这 3 种的市场渗透率总体偏低,且在立案后总体上呈现下降的状况,其中男士西服套装或西服式上衣的下降幅度很明显,由 $T-1$ 年的 37.55% 下降到 $T+4$ 年的 4.41%。

表 3.5 中国涉案纺织品服装竞争优势指标——贸易竞争指数

年份	显性比较优势指数				
	亚麻织物	聚酯预取向丝	编织电热毯	男士西服套装或西服式上衣	牛仔布
$T-1$	0.53	0.16	0.99	0.91	0.47
T	0.60	0.52	0.98	0.88	0.57
$T+1$	0.62	0.53	0.99	0.82	0.65
$T+2$	0.73	0.54	0.99	0.81	0.61
$T+3$	0.77	0.38	0.99	0.81	0.60
$T+4$	0.78	0.55	0.99	0.85	0.69

资料来源:根据联合国统计署数据库数据计算得到

表 3.5 的贸易竞争指数显示亚麻织物、编织电热毯、男士西服套装或西服式上衣、牛仔布这 4 种产品均有较高的竞争优势。其中编织电热毯的贸易竞争指数最高,各个年份都接近 1。聚酯预取向丝的竞争优势虽然低一些,但仍然表现出较强的竞争优势。比较立案及立案前后的贸易竞争指数,5 种产品在立案后总体上呈现上升或维持不变的状况,仅聚酯预取向丝的贸易竞争指数在 $T+3$ 年出现较明显的下降。

虽然比较优势和竞争优势反映出来的国际竞争力内涵有一定差异,但是许多学者的研究认为这两者并不矛盾,比如林毅夫(2002 年)认为比较优势和竞争优势是彼此相容的。李钢(2003 年)认为中国比较优势最强的产业也是中国最具竞争优势的产业,中国产业竞争优势变化也与比较优势的变化高度相关。

本书计算出的上述数据总体上也显示我国涉案纺织品服装的比较优势和竞争优势之间存在较明显的相关性,即比较优势较高的涉案产品其竞争优势也较高。但是,聚酯预取向丝的情况除外,这里对聚酯预取向丝这种产品进行特别说明:该种产品的国际竞争力由于受到反倾销的影响很大,导致其国际竞争力中的各类指标在反倾销发生后的当年(T 年)或反倾销发生后的第一年($T+1$)年开始出现较大幅度的下降,这就导致聚酯预取向丝的比较优势的大小虽然排在第二位,但其竞争优势的大小却是这 5 种产品中最低的,使其比较优势和竞争优势不匹配。

为了能比较直观地观察比较优势和竞争优势间的相关性,本书计算了上述各个指标的平均值,具体平均值数据见表3.6。例如,反映编织电热毯比较优势的显性比较优势指数是最高的,同时反映编织电热毯竞争优势的3个指标同样也是最高的;而其他3种产品(亚麻织物、男士西服套装或西服式上衣、牛仔布)的比较优势指数较高,显示出它们的比较优势较高,同时反映它们竞争优势的3个指标同样也较高,显示出它们的竞争优势也是较高的。

表 3.6　国际竞争力指标的平均值

国际竞争力指标		亚麻织物	聚酯预取向丝	编织电热毯	男士西服套装或西服式上衣	牛仔布
比较优势	显性比较优势指数	2.98	2.93	6.65	2.80	2.73
竞争优势	国际市场占有率(%)	30.29	28.35	69.98	30.96	30.28
	市场渗透率(%)	78.35	5.18	95.17	19.48	13.20
	贸易竞争指数	0.67	0.45	0.99	0.85	0.60

资料来源:根据表3.2~表3.5的数据计算得到

3.3　反倾销对中国纺织品服装国际竞争力的影响特点

3.3.1　对中国纺织品服装在全球市场上的国际竞争力抑制作用范围较小

聚酯预取向丝的显性比较优势指数由立案当年(T)的6.22下降到立案后第一年($T+1$)的2.01,该指数在立案后第一年下降的幅度很大,达到68%;聚酯预取向丝的国际市场占有率由立案当年(T)的56.89下降到立案后第一年($T+1$)的19.75,下降幅度也较大,达到65%;但是,聚酯预取向丝的贸易竞争指数由立案当年(T)的0.52微调到立案后第一年($T+1$)的0.53,基本上维持不变。综合而言,显性比较优势指数和国际市场占有率指标都显示出反倾销对聚酯预取向丝在整个世界市场上的国际竞争力产生了比较明显的抑制作用。

而亚麻织物、编织电热毯、男士西服套装或西服式上衣、牛仔布这四种涉案产品的立案当年(T)及立案后第一年($T+1$)的显性比较优势指数、国际市场占有率、贸易竞争指数这三个指标都没有出现较大幅度的变动,显示出反倾销对亚麻织物、编织电热毯、男士西服套装或西服式上衣、牛仔布在整个世界市场上的国际竞争力没有产生明显的抑制作用。这可能是由于这三个指标主要是反映我国纺织品服装在整个世界市场上的国际竞争力,而反倾销发生后,纺织品服装反倾销产生的贸易转移效应较大,导致我国纺织品服装的出口市场能及时调整,所以其国际竞争力未出现明显降低的情况。

综上所述,显性比较优势指数、国际市场占有率、贸易竞争指数这三个指标显示出:反倾销对我国纺织品服装在整个世界市场上的国际竞争力的抑制作用范围较小,反倾销只对一种产品(聚酯预取向丝)产生了明显抑制,对其他四种产品(亚麻织物、编织电热毯、男士西服套装或西服式上衣、牛仔布)未产生明显抑制作用。

3.3.2 对中国纺织品服装在国别市场上的国际竞争力抑制作用更为普遍

市场渗透率这个反映国际竞争力的指标较为独特,与其余的三个指标反映的国际竞争力存在较大的差异。其余的三个指标是反映涉案的纺织品服装在整个世界市场上所体现出来的国际竞争力,而市场渗透率这个指标是专门针对涉案的纺织品服装在反倾销发起国的国际竞争力,具有更强的针对性,更能反映出中国的纺织品服装针对某国的竞争优势的大小变化。该指标能反映涉案纺织品服装在国别市场上的国际竞争力大小,具体而言能反映涉案纺织品服装在反倾销发起国市场上的国际竞争力大小。

这五种涉案产品,即亚麻织物(国别市场:印度)、聚酯预取向丝(国别市场:韩国)、编织电热毯(国别市场:美国)、男士西服套装或西服式上衣(国别市场:阿根廷)、牛仔布(国别市场:墨西哥)在遭受反倾销立案后第一年($T+1$)与立案当年(T)的市场渗透率相比较,市场渗透率在立案后第一年($T+1$)在进口国就均出现明显下降。除了亚麻织物和编织电热毯外,其余三种涉案产品在后续年

份总体上继续下降,其中男士西服套装或西服式上衣在阿根廷的市场渗透率在
$T+2$ 年份更是下降到仅 7.43%,而其在阿根廷的市场渗透率在立案的前一年
($T-1$)和立案当年(T)则为较高的 37.55% 和 37.46%。这显示出反倾销对这五
种涉案纺织品服装分别在各自的国别市场上的国际竞争力均产生了明显的抑
制作用,特别在立案后第一年($T+1$)产生的抑制作用很普遍。

这表明反倾销对我国纺织品服装在反倾销发起国的国际竞争力的抑制作
用更为普遍,这也正好说明国外的反倾销对我国的涉案产品在反倾销发起国的
国际竞争力的影响更为直接。

3.3.3　如果有反倾销抑制作用发生,其抑制作用持续时间一般较长

显性比较优势指数、国际市场占有率、市场渗透率这三个指标显示:反倾销
如果对涉案产品的国际竞争力产生抑制作用的话,一般会持续四年。例如:反
倾销对聚酯预取向丝的显性比较优势指数、国际市场占有率、市场渗透率产生
的抑制作用主要是在 $T+1$ 年显现,一直持续到 $T+4$ 年。反倾销对男士西服套装
或西服式上衣、牛仔布在市场渗透率上产生了较明显的抑制作用,该抑制作用
也是在 $T+1$ 年显现,一直持续到 $T+4$ 年。贸易竞争指数显示:除男士西服套装
或西服式上衣外,其余四种涉案产品的该指标在反倾销立案后总体上有轻微的
上升,表现出反倾销对该指标的抑制作用。

这表明一旦反倾销对我国涉案纺织品服装的国际竞争力产生抑制作用,该
抑制作用立案后第一年($T+1$)开始一直持续到立案后第四年($T+4$),抑制作用
持续时间较长。

3.3.4　反倾销对中国部分涉案产品的国际竞争力的抑制作用不明显

对选取的五种涉案产品的国际竞争力变化的研究表明,编织电热毯的各类
国际竞争力指标在反倾销的前后均没有出现明显的下降,可见反倾销对编织电
热毯的比较优势和竞争优势两个方面的国际竞争力几乎没有产生明显的抑制
作用,这说明我国编织电热毯的国际竞争力太强,反倾销的力量还不足以明显
降低我国编织电热毯的国际竞争力水平。

3.4 反倾销下的中国纺织品服装贸易对策研究

3.4.1 关注涉案产品在反倾销发起国的国际竞争力变化,调整出口市场

前文的分析显示反倾销对我国涉案纺织品服装在整个世界市场的国际竞争力虽有影响,但这种影响范围较小,影响并不普遍。反倾销对国际竞争力产生普遍影响主要是对我国产品在反倾销发起国的国别市场上的国际竞争力产生抑制作用,因此作为涉案企业而言应该重点关注涉案产品在反倾销发起国的国际竞争力变化,及时调整我国的出口市场,避免该国反倾销导致我国涉案产品的出口出现大幅下降的局面,或者在遭受反倾销之前尽量开拓潜在市场,实现出口市场的多元化,避免反倾销风险。

3.4.2 充分重视反倾销发生后长期的有效应对措施

前文的分析显示反倾销对我国涉案纺织品服装的国际竞争力的抑制作用持续时间主要在 $T+1$ 年至 $T+4$ 年,也就是说我国的涉案产品遭受到的贸易损失在反倾销开始后会持续存在。因此当我国纺织品服装遭受反倾销后涉案企业及时采取长期的有效应对措施对于减少损失是非常重要的。这就要求涉案企业不仅要重视反倾销发生初期的应对措施,在初期就及时采取应对措施,并且在设计应对措施时要关注该措施在今后几年内的有效性,而不是仅应对当前的反倾销事件,这样才能最大限度地将反倾销对我国涉案产品的国际竞争力产生明显抑制作用带来的贸易损失降到最低。

3.4.3 反倾销影响较小的涉案产品,可增加附加值来获取更多贸易利益

我国部分涉案产品由于国际竞争力太强,反倾销的力量还不足以明显降低该涉案产品的国际竞争力水平。前文分析的编织电热毯就是该类产品,编织电热毯的国际竞争力数据显示,我国编织电热毯的比较优势和竞争优势受到反倾

销的影响都不明显。对于这类产品,与其等遭受反倾销后通过反倾销发起国以征收反倾销税的形式被动提高销售价格不如在遭受反倾销之前主动地通过某些增加附加值的方式来提高销售价格。通过增加附加值来提高销售价格能起到一举两得的效果:一方面纺织品服装的价格提高可以在一定程度上降低进口国对我国纺织品服装反倾销的风险;另一方面由于该种纺织品服装价格的提高对其国际竞争力的抑制作用不明显,提高价格后该种纺织品服装仍然可以维持大量的出口,因此价格的提高还可以使出口企业获得更多的贸易利益。

3.5　小结

在全球反倾销的涉案大类产品中,纺织品服装是一种主要的涉案产品。我国成为纺织品服装遭受反倾销最为严重的国家,从 WTO 成立后的 1995~2017 年,中国纺织品服装遭受的反倾销案件占到全球纺织品服装反倾销案件的 1/4 以上。中国纺织品服装遭受的反倾销案件不仅数量多,而且涉案产品的种类比较广泛,原材料、半成品、成品都涉及。在遭遇反倾销时,纺织品服装中不同的具体涉案产品的国际竞争力受到的影响差异较大,因此关注大类产品的国际竞争力的针对性较弱,我们需要更多地关注具体的涉案产品在反倾销发起国的国际竞争力变化,针对合适产品选择时机增加附加值,并重视长期的有效应对措施。

第4章 产业安全视角下的反倾销与中国纺织品服装国际竞争力协同演化研究

4.1 引言

前文已提到,从 WTO 成立后的 1995~2017 年,中国遭受的反倾销调查案件占到全球的 25.4%,中国遭受的最终反倾销措施占到全球的 27.7%,我国成为纺织品服装遭受反倾销最为严重的国家。

而且中国在纺织品服装上的涉案产品种类比较广泛,原材料、半成品、成品都有涉及,这导致中国纺织服装产业面临严重的产业安全问题。例如,前文提到的中国加入 WTO 后的中美纺织品反倾销的第一案——艺术画布反倾销案。2005 年美国对华艺术画布反倾销,直接影响 20 多家企业和 5000 人的就业问题,该反倾销最终导致我国 20 多家画布企业全部放弃美国市场。

中国遭受的反倾销已对我国的纺织品服装对外贸易构成了严峻的挑战,中国的纺织服装产业安全已面临现实或潜在的重大威胁。在反倾销的威胁下,如何维护或增强我国的纺织服装产业安全就成为一个焦点问题。产业国际竞争力的提升常常被认为是抵御国外反倾销、增强产业安全的一种策略,反倾销也可能对一国的产业国际竞争力有激励作用。本研究拟对我国遭受的反倾销与纺织品服装的国际竞争力之间的协同演化状况进行研究,并就协同演化的累积影响去探索我国纺织服装产业的产业安全问题。

4.2 概述

在中国对外贸易快速增长、遭受反倾销状况非常严峻的背景下,对中国遭受反倾销的影响因素的研究也越来越丰富。已有的文献显示,通过不同的实证研究方法,发现中国遭受反倾销的原因是复杂的、多样化的,既有国内原因,也有国外原因,既有宏观原因,也有微观原因,既有经济原因,也有非经济原因。对于产业升级、技术进步方面影响因素的研究,长期以来主要是采用理论分析,普遍认为中国低附加值的劳动密集型产品大量出口是导致中国遭受反倾销的主要因素,因此普遍认为中国要通过相关产业的技术创新和出口产品升级,提高产品的技术含量,实现从低端产品生产向高技术、高附加价值产品生产转型,最终从被动应对国外反倾销发展到主动规避国外反倾销。但是,张雨、戴翔通过实证研究发现中国出口产品升级不仅未能有效缓解中国遭遇的反倾销,反而使之加剧;同时认为不能将中国出口产品遭受反倾销简单归咎于附加值过低,以免造成政策偏差。这一实证结果与以前普遍的理论分析结果相反。前文提到的光伏产品反倾销案件也印证了这一结论,光伏产业是中国为数不多的走在世界前列的行业,多项技术取得突破,光电转换效率已达到18%,居世界先进水平,但是即便是这样一个高技术含量颇高的产业面对反倾销也无法幸免。

文献显示,反倾销与产业升级之间关系的实证研究较多,反倾销与产业国际竞争力之间关系的实证研究很少。产业升级与国际竞争力之间有一定内在联系,但两者并不是同一种事物,反倾销与产业升级之间的研究结果不能等同于反倾销与国际竞争力之间的研究结果。有关反倾销和国际竞争力这两者之间的双向互动影响、协同演化的研究没有涉及。这就衍生出一个有价值的研究问题:反倾销与国际竞争力之间是否存在协同演化? 若存在,两者是如何协同演化的? 目前在贸易摩擦领域还无人采用协同演化思路和方法进行研究,本书拟从产业安全的视角,从理论上去诠释两者之间协同演化的机制以及协同演化对产业安全影响的机制,并采用协同演化模型去验证两者之间的协同演化问题。这有利于我们深化认识中国遭受的反倾销问题,有利于更有效地维护我国的纺织服装产业的产业安全和获取合法的贸易利益。

4.3 产业协同演化机制及对产业安全影响理论分析

协同演化(Co-Evolution)最早是作为生物学术语被用来描述蝴蝶和花草类植物之间的关系时由生态学家 Ehrlich 和 Raven 提出来的,主要表示物种在一定程度上会相互影响并演化。后来 Norgaard 将协同演化术语运用到社会学、生态经济学等研究领域。协同演化理论在经济领域的研究中运用得越来越多。简言之,协同演化是指两个或两个以上的具有演化特征的系统主体持续地互动与演变,其演化行为相互影响,演化路径互相交织的现象。反倾销和国际竞争力间可能具有持续地互动与演变,且存在演化路径相互交织的现象,因此本书拟诠释反倾销与国际竞争力协同演化的内在互动影响机制。图 4.1 为反倾销与国际竞争力的协同演化及对产业安全影响理论框架。

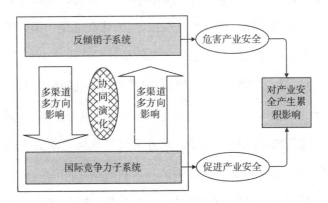

图 4.1　反倾销与国际竞争力的协同演化及对产业安全影响理论框架

4.3.1 协同演化对产业安全的累积影响

在反倾销与国际竞争力协同演化中,反倾销与国际竞争力提升对一国的产业安全的影响是相反的:反倾销数量的增加会危害一国的产业安全,而国际竞争力提升则会促进一国的产业安全。由于这两者对产业安全的影响方向不一致,因此反倾销与国际竞争力对一国产业安全的影响取决于协同演化的结果。

在我国是世界反倾销的最大受害国的背景下,我国遭受的反倾销和国际竞争力之间的协同演化年度数据对于准确判断协同演化对我国产业安全的影响起到非常重要的作用,且需依据协同演化年度数据才能针对性地提出增强我国纺织服装产业的产业安全的相应策略。

4.3.2　反倾销对国际竞争力的影响机制

反倾销对产业升级的影响并非通过单一渠道影响,而是通过多渠道影响,且影响方向不尽一致,是多方向的影响。

4.3.2.1　反倾销对国际竞争力的促进

在协同演化过程中,当我国产业遭受国外反倾销时,涉案产业对后期的状况会进行博弈分析,并基于博弈分析结果进行决策。如果维持产品价格不变,由于出口产品面临反倾销制裁措施,会导致出口大量减少,出口市场难以维系,从而导致涉案企业的利润很难保持。如果产品降价出口,虽然能临时性避免出口大量减少,但后期极有可能导致更严厉的反倾销制裁措施,最后得不偿失。如果提高产品价格,一方面能在一定程度上避免更严厉的反倾销制裁措施,从而可以维持一定量的出口,但是如果涉案企业并没有通过技术进步来对产品进行升级换代,仅是单纯地提升价格,这会在很大程度上抑制进口国的进口兴趣和进口需求,长此以往,出口市场恐怕也很难维系。如此一来,涉案产业的国际竞争力指标也将下降。因此,一些涉案企业可以通过增加产品的附加值和质量等方法维系出口市场来提高国际竞争力,或者通过开发新的海外市场来提高国际竞争力,或者由于反倾销导致的价格下降也可能导致出口增加从而导致国际竞争力提升。

4.3.2.2　反倾销对国际竞争力的抑制

一方面,国外反倾销可能会迫使我国涉案企业改善经营管理,甚至采用裁员的方式来缩减产品成本,这些措施的实施成本相对于研发投入成本而言较低,而且在降低产品成本方面见效更快,从而抑制了企业的技术研发产品品质的提高,进而抑制了涉案产品的国际竞争力提升。另一方面,由于企业遭到反倾销后会采取一些应对措施,包括转销国内市场、达成中止协议、退出市场等,这些措施在一定程度上降低了涉案产品的国际竞争力提升。

4.3.3　国际竞争力对反倾销的影响机制

同样,国际竞争力提升对反倾销也是产生多渠道、多方向的影响。

4.3.3.1　国际竞争力提升对反倾销的抑制

企业通过技术进步提高产品的技术含量,生产高技术含量、高附加价值产品能拥有更多的国外市场份额,在国际竞争力指标上显示出较高的国际竞争力。同时高附加值也能提升产品的价格从而在一定程度上规避国外反倾销。可见,国际竞争力提升能在一定程度上抑制反倾销。

4.3.3.2　国际竞争力提升对反倾销的激发

较为普遍的分析结果认为中国遭受反倾销的主要原因之一是大量出口低附加值的产品,主要通过低价格来带动产品的大量出口,从而在国际竞争力指标上显示出较高的国际竞争力数据。这种国际竞争力的提升伴随着较高的出口额和较低的价格,这就容易激发国外反倾销。

上述影响机制中分析了方向不同的两种影响,至于哪种影响在实际的协同演化中处于主导地位则需要通过后文的实证分析来验证。

4.4　模型方法

基于协同演化的内涵以及前文关于反倾销与国际竞争力协同演化机制的分析,本书拟运用协同演化相关模型对这两者间的协同演化状况进行实证分析,用反倾销与国际竞争力的协调度来度量两者协同演化的程度高低。协调是指系统组成要素之间在发展过程中彼此的和谐一致性,这种和谐一致性的程度称为协调度。反倾销与国际竞争力的协调度能表达反倾销子系统和国际竞争力子系统在发展演化过程中协同一致的程度,也决定了由子系统构成的该复合系统由无序走向有序的趋势和程度,同时也能分辨发展演化过程中促进与抑制(或促进与激发)哪种互动影响效应处于主导地位。

孟庆松、韩文秀等基于协同学理论提出的协调度模型在协同演化研究领域被广泛使用,因此本书拟借鉴该类模型方法构建本书的协同演化模型——反倾销与国际竞争力复合系统的协调度模型,并测度其子系统的有序度和整个协同演化系统的协调度。

反倾销与国际竞争力的复合系统为 $S = \{S_1, S_2\}$,其中,S_1 为反倾销子系统,S_2 为国际竞争力子系统。子系统表示为 $S_j, j \in [1, 2]$,设其发展过程中的状态参量为 $e_j = (e_{j1}, e_{j2}, \cdots, e_{jn})$,其中,$n > 1, \beta_{ji} \leq e_{ji} \leq \alpha_{ji}, i \in [1, n]$,$\alpha_{ji}$ 和 β_{ji} 分别为状态参量分量 e_{ji} 的最大值和最小值。

有序度是判断系统有序程度的一种标准,是系统中的状态参量各自有选择地分占系统中的不同位置,相互间形成有规则的排列,这样的结构状态称为有序。假设 $e_{j1}, e_{j2}, \cdots, e_{jl}$ 为正向指标,即其取值越大,子系统状态参量的有序度就越高,或其取值越小,子系统状态参量的有序度就越低;假设 $e_{j(l+1)}, e_{j(l+2)}, \cdots, e_{jn}$ 为负向指标,即其取值越大,子系统状态参量的有序度就越低,或其取值越小,子系统状态参量的有序度就越高。子系统状态参量分量的有序度的测度见式(4.1):

$$\mu_j(e_{ji}) = \begin{cases} \dfrac{e_{ji} - \beta_{ji}}{\alpha_{ji} - \beta_{ji}}, i \in [1, l] \\ \dfrac{a_{ji} - e_{ji}}{\alpha_{ji} - \beta_{ji}}, i \in [l+1, n] \end{cases} \tag{4.1}$$

式中:$\mu_j(e_{ji}) \in [0, 1]$ 为子系统 j 的状态参量分量 e_{ji} 的有序度,其值越大表明状态参量分量 e_{ji} 对子系统的贡献越大。各个状态参量分量 e_{ji} 对子系统 S_j 有序度的"总贡献"可通过 $\mu_j(e_{ji})$ 的集成来实现。在有序度的集成中,线性加权求和法使用较多,本书也采用该方法进行子系统有序度的集成,具体见式(4.2):

$$\mu_j(S_j) - \sum \lambda_i \mu_j(e_{ji}), \lambda_i \geq 0, \sum \lambda_i - 1 \tag{4.2}$$

式中:$\mu_j(S_j)$ 为子系统 S_j 的有序度,该值越大表示子系统的有序度越高,反之,则子系统的有序度就越低。λ_i 为权重,权重计算过程如下。

首先,为了消除各个状态参量指标不同量纲的影响,需对各个状态参量指标的原始数据采用均值—标准差方法进行标准化处理。然后,采用相关系数矩阵赋权法确定状态参量指标的权重。设子系统包含 n 个指标,其相关系数矩阵 R 为:

$$R = \begin{bmatrix} r_{11} & r_{12} & \cdots & r_{1n} \\ r_{21} & r_{22} & \cdots & r_{2n} \\ \vdots & \vdots & \vdots & \vdots \\ r_{n1} & r_{n2} & \cdots & r_{nn} \end{bmatrix}, 其中 r_{ii} = 1(i=1,2,\cdots,n)$$

令 $R_i = \sum_{j=1}^{n} |r_{ij} - 1|, i = (1,2,\cdots,n)$,其中 R_i 表示第 i 个指标对其他 $(n-1)$ 个指标的总影响,R_i 越大,说明第 i 个指标在指标体系汇总的影响越大,其权重也就越大。将 R_i 归一化处理得到相应各指标的权重为 λ_i,具体见式(4.3):

$$\lambda_i = \frac{R_i}{\sum_{i-1}^{n} R_i}, (i = 1,2,\cdots,n) \tag{4.3}$$

在子系统有序度计算基础之上,最终计算出协同演化复合系统的协调度。在给定的初始时刻 t_0,反倾销子系统的有序度为 $\mu_1^0(S_1)$,产业升级子系统有序度为 $\mu_2^0(S_2)$。在复合系统系统演化过程中的时刻 t_1,反倾销子系统的有序度为 $\mu_1^1(S_1)$,产业升级子系统的有序度为 $\mu_2^1(S_2)$,则反倾销与产业升级复合系统的协调度 C 为:

$$C = \theta \times \sqrt{|\mu_1^1(S_1) - \mu_1^0(S_1)| \times |\mu_2^1(S_2) - \mu_2^0(S_2)|} \tag{4.4}$$

其中,$\theta = \begin{cases} 1, 当\ \mu_1^1(S_1) - \mu_1^0(S_1) > 0, 且\ \mu_2^1(S_2) - \mu_2^0(S_2) > 0\ 时 \\ -1, 其他 \end{cases}$

协调度,即协调程度,用来衡量一个系统内部各个要素之间配合和协作的程度。由式(4.4)可知,$C \in [-1,1]$,C 值越大,表明复合系统的协同演化程度越高,反之则越低。当 $C \in [-1,0)$,说明复合系统处于不协调状态;当 $C \in [0,1]$,说明复合系统处于协调状态。

根据上述构建的反倾销与国际竞争力复合系统的协调度模型,整个复合系统分为两个子系统:反倾销子系统和国际竞争力子系统。在其协同演化的评价指标选择上要兼顾科学性和数据的可获得性。在反倾销子系统方面,由于是考查中国纺织品服装遭受反倾销的情况,因此选择中国纺织品服装遭受的反倾销调查数量和中国纺织品服装遭受的最终反倾销措施数量来衡量反倾销状况。在国际竞争力子系统方面,由于中国的纺织品服装在全球市场(非国别市场)的国际竞争力主要是通过显性比较优势指数、国际市场占有率、贸易竞争指数表现出来,而市场渗透率主要反映的是中国纺织品服装在某国市场的国际竞争力,而非全球市场的国际竞争力,因此本研究选择中国纺织品服装的显性比较优势指数、国际市场占有率、贸易竞争指数这三个指标衡量中国的国际竞争力。中国纺织品服装反倾销与国际竞争力协同演化的评价指标体系见表4.1。

表 4.1　中国纺织品服装反倾销与国际竞争力协同演化的评价指标体系

子系统	状态参量分量评价指标
反倾销	中国纺织品服装遭受反倾销调查数量(起)
	中国纺织品服装遭受最终反倾销措施数量(起)
国际竞争力	显性比较优势指数
	国际市场占有率(%)
	贸易竞争指数

注　上述所有数据的统计期间为 1995~2017 年。中国纺织品服装遭受反倾销调查数量和遭受最终反倾销措施数量根据 WTO 反倾销数据库数据整理得到;计算中国纺织品服装的显性比较优势指数、国际市场占有率、贸易竞争指数所需的各类贸易数据来自联合国 UNcomtrade 数据库。

4.5　实证结果及分析

将各指标的统计数据带入式 4.1,计算出中国纺织品服装的反倾销子系统和国际竞争力子系统各状态参量分量的有序度,进而根据式 4.2 集成出两个子系统的有序度,最后根据式 4.4 计算出整个复合系统的协调度。子系统的有序度结果和复合系统的协调度结果见表 4.2。

表 4.2　中国纺织品服装反倾销与国际竞争力复合系统协调度及子系统有序度数值

年份	反倾销子系统有序度	国际竞争力子系统有序度	复合系统协调度	年份	反倾销子系统有序度	国际竞争力子系统有序度	复合系统协调度
1995	0.51977	0.17045	—	2007	0.57463	0.82955	0.19014
1996	0.48330	0.26136	0.05758	2008	0.61868	1.00000	0.28643
1997	0.46997	0.17045	0.00000	2009	0.58928	0.81818	0.21218
1998	0.43342	0.13636	0.05426	2010	0.60473	0.49432	0.16587
1999	0.47656	0.12500	0.04432	2011	0.63261	0.72727	0.25066
2000	0.48038	0.19886	0.03345	2012	0.59830	0.30682	0.10348
2001	0.40851	0.06250	0.10960	2013	0.62352	0.35227	0.13735
2002	0.37550	0.26136	0.11452	2014	0.63272	0.21591	0.07165
2003	0.35489	0.24432	0.11036	2015	0.49714	0.19886	0.02536
2004	0.32862	0.39773	0.20843	2016	0.55217	0.19886	0.03034
2005	0.39615	0.69318	0.25421	2017	0.52312	0.55114	0.03571
2006	0.54056	0.81818	0.11605				

注　由于在协调度计算中 1995 年为初始时刻 t_0，因此 1995 年无协调度数值。

为了便于直观观察，本书将表 4.2 中的数据转换为折线图（图 4.2）来展现。

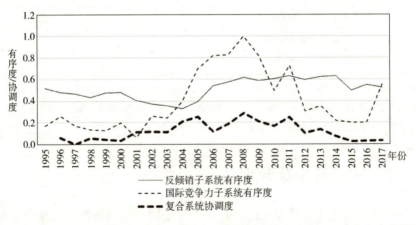

图 4.2　中国纺织品服装反倾销与国际竞争力复合系统协调度及子系统有序度态势图

总体上，反倾销子系统与国际竞争力子系统有序度没有呈现明显的上升或下降的态势，表明两个子系统在 1995～2017 年期间总体上处于无序演化过程，但演化过程存在差异。反倾销子系统的有序度在 1995~2017 年期间总体上无太大波动,2014 年的有序度达到最高,为 0.63272,2004 年的有序度为最低点,数值为 0.32862,最高点与最低点的数值差异不大。且从 1995~2017 年的反倾销子系统有序度线条总体维持在 0.3~0.6 的范围内,线条比较平缓,没有呈现明显的有序演化过程。国际竞争力子系统的有序度在 1995~2008 年间总体上保持一个上升的态势,2008~2016 年间总体上又变为一个急剧下降的态势,2017 年其有序度又呈现急剧上升的状况,2017 年的有序度较 2016 年的有序度上涨 177%。因此从 1995 年至 2017 年国际竞争力子系统的有序度也没有呈现明显的有序演化过程。

复合系统协调度保持正值,且总体上呈现两个阶段的态势。第一个阶段:1996~2008 年,该阶段总体上表现为上升态势,协调度由 1996 年 0.05758 逐渐上升到 2008 年的 0.28643,2008 年为整个期间的最高值。第二个阶段:2008~2017 年,该阶段总体上表现为下降态势,协调度由 2008 年的 0.28643 逐渐下降为 2017 年的 0.03571。

复合系统协调度一直为正值,但数值不高,表明反倾销与国际竞争力之间具有一定的协同演化,但协同演化力度不是太强。反倾销对国际竞争力的促进和国际竞争力对反倾销的激发分别在协同演化过程中起主导作用,否则,整个复合系统的协调度会小于 0,即系统不会存在协同演化。1996~2008 年期间(1995 年无协调度数值)协调度增长了近 4 倍,2008~2017 年期间协调度下降了 87.5%。协调度超过 0.25 的年份只有 2005 年、2008 年和 2011 年这三个年份,也说明反倾销对国际竞争力的促进和国际竞争力对反倾销的激发这两种主导作用在中间的年份较强一些。

协调度总体上偏低,这表明国际竞争力对反倾销的激发作用并不太强。中国的纺织品服装的国际竞争力指标主要使用的是反映在全球市场的国际竞争力的指标,而非反映在国别市场的国际竞争力指标,中国在全球市场的国际竞争力上升并不代表中国在某国的市场上国际竞争力上升,如果中国在某国市场上的国际竞争力并无多大上升,这不会导致该国对中国的纺织品服装进行反倾销。同样,反倾销对国际竞争力的促进的作用也不太强,这可能与中国的涉案纺织品服装在反倾销发起国的市场集中度较高有关。中国涉案纺织品服装一旦遭受到某国反倾销,由于我国的涉案纺织品服装在该国有较高的市场集中度,这就导致中国的出口来不及开发其他海外市场,同时现有的目标国市场又由于反倾销导致出口额受到抑制,从而国际竞争力的提升幅度有限。

4.6　结论及启示

4.6.1　结论

本书从产业安全的视角构建了反倾销与国际竞争力的协同演化框架,分析了反倾销与国际竞争力的协同演化机制以及协同演化对产业安全影响的机制,并基于协同学理论构建了相应的协同演化模型,通过测算有序度和协调度对我国纺织品服装遭受反倾销与我国国际竞争力两者之间的协同演化态势进行了实证分析,得出以下结论。

(1)反倾销子系统和国际竞争力子系统的有序度没有呈现明显的上升或下降的态势,表明两个子系统总体上处于无序演化过程。

(2)复合系统协调度一直为正值,但数值不高,表明反倾销与国际竞争力之间具有一定的协同演化,但协同演化力度不强。

(3)复合系统协调度总体上呈现两个阶段的态势:1996~2008年为第一个阶段,表现为上升态势;2008~2017年为第二个阶段,表现为下降态势。

(4)反倾销与国际竞争力协同演化的态势显示出:反倾销对国际竞争力的促进和国际竞争力对反倾销的激发分别在协同演化过程中起主导作用。

(5)在协同演化过程中,由于反倾销数量的增加与国际竞争力程度的增加对产业安全的影响方向相反,因此导致协同演化对我国产业安全的最终影响结果取决于这两种相反影响力量的大小对比,即取决于反倾销、国际竞争力共同对产业安全产生的累积影响。

4.6.2　启示

对中国纺织品服装反倾销与国际竞争力的协同演化态势进行研究的更进一步的目的是为了增强我国纺织服装产业的产业安全。在我国是世界反倾销最大受害国的背景下,我国的纺织服装产业也面临反倾销威胁,产业安全存在较多风险。对此,笔者基于产业安全的视角提出以下观点。

4.6.2.1　认识观念需要更清晰

我国政府和企业不能简单地认为通过国际竞争力提升就能有效缓解或抑制国外对华反倾销的发生,要意识到总体上目前我国纺织品服装的国际竞争力提升其实是在激发国外对华反倾销的发生。我们需要分清楚这种国际竞争力的提升到底是来源于产业升级还是来源于低价竞争,不同的来源对反倾销的影响存在不同的结果。

4.6.2.2　产业安全提升的纵向策略

根据协调度的高低调整政策措施和发展策略。当协调度下降到较低水平(如低于 0.1)时,"国际竞争力对反倾销的激发"作用变得较弱,此时政府在舆论宣传和政策措施制定上应积极鼓励企业开发海外市场,企业也应积极出台能促进海外市场扩张的发展策略,此时企业通过技术水平提升或附加值提升、通过低价竞争的策略都是可取的。当协调度上升稍高一些水平(如高于 0.2)时,则应对政策措施和发展策略进行相应调整,要避免"国际竞争力对反倾销的激发"作用变得较强时低价竞争产生的国际竞争力提升(这种形式的国际竞争力提升会带来更多的负面影响),主要应采用技术水平提升或附加值提升的策略,这样有利于降低产业安全的风险。

4.6.2.3　产业安全提升的横向策略

按照纺织品服装产品的技术水平高低或附加值高低对产品进行细分,实施差异化的政策措施和发展策略。当某类纺织品服装的技术水平或附加值处于中低端水平时,此时该类产品的价格偏低,其国际竞争力提升的来源主要是低价格,因此"国际竞争力对反倾销的激发"作用较强,应当鼓励相关企业积极地通过技术进步来实现产业升级。一方面产业升级促进了产业安全;另一方面由于产业升级导致价格上升,从而在一定程度上抑制反倾销的发生,在一定程度上对产业安全的危害减弱。此时的协同演化总体上对产业安全产生积极影响的概率更大。当某类纺织品服装的技术水平或附加值处于中高端水平时,"国际竞争力对反倾销的激发"作用较弱,其国际竞争力提升的来源主要是较高的技术水平或较高的附加值,此时这种协同演化总体上对产业安全产生消极影响的概率可能偏小。

4.6.2.4 产业安全提升的非经济类策略

对于任何一个处于工业化进程中的国家而言,产业升级是必经之路,中国也是如此。同时,中国要从制造业大国走向制造业强国,也必须要通过产业升级来实现,中国的纺织服装业也是如此。对中国而言,产业升级是无法回避的一个环节,也是不能回避的一个环节。虽然协同演化的机制是客观存在的,其影响力量也不容忽视,但是我国必须通过必要的贸易谈判、政治谈判以及主动对外实施反倾销的威慑力量来抑制国外对华反倾销,也即通过采取非经济类策略,增强其他途径的力量来维护和提升我国纺织品服装行业的产业安全。

第5章 反倾销对中国纺织品服装出口价格的影响效应分析

5.1 概述

文献显示一般认为反倾销对价格能产生较直接的影响。如 Helpman 和 Krugman 认为对国外进口产品征收反倾销税对产业的静态影响主要体现为国内价格上升。Harrison 研究得出反倾销对于本国传统主导产业的价格抑制效应。Konings 和 Vandenbussche 检验了反倾销对于企业价格成本边际的影响,并估计了反倾销诉讼前后的价格涨幅。但是也有例外,如 Asche 使用美国对挪威三文鱼反倾销作为实证案例,采用协整分析技术研究,发现美国对挪威三文鱼反倾销没有产生直接影响。

目前国内针对反倾销行为的直接价格影响的研究成果较为缺乏,仅有少数学者的研究有所涉及。朱钟棣、鲍晓华论证了反倾销税价格效应的投入产出问题。杨悦、何海燕和王宪良则研究了钢铁产业进口反倾销行为对该产业价格指数的影响,并提出了测算方法。

现有文献显示,虽然研究的涉案产品较多,但是缺乏对涉案的纺织品服装的直接价格影响的研究。中国的纺织品服装贸易在中国的经济发展、出口贸易、世界纺织品服装的出口中有举足轻重的地位,因此本书专门针对中国涉案纺织品服装的出口价格进行研究,并且以涉案企业的博弈心理作为中间的传导因素,分析了反倾销下涉案企业博弈心理,而博弈心理又影响涉案企业的出口定价。期望能为涉案产业安全战略的实施或调整提供数据支撑和决策参考,同时维护我国合法贸易利益,实现贸易可持续发展。

5.2 反倾销中我国涉案企业的博弈心理分析

反倾销对我国涉案产品出口价格的影响是通过影响我国涉案企业的博弈心理来实现的。不同涉案企业可能会有不同的博弈心理,在不同的博弈心理下就会出现不同的博弈行为,最终导致反倾销下的我国涉案纺织品服装的出口价格会出现不同的变动方向。

5.2.1 博弈心理一:为保持海外市场份额或避免海外市场份额大幅度降低

国外反倾销会导致国外消费者的购买价格上涨,从而会抑制消费,这样一来国外进口商的进口会减少,而我国有的涉案企业为了维持出口会选择通过降低出口价格来争取进口商的进口,从而保持现有海外市场份额或避免海外市场份额出现大幅度降低。

短期来看,虽然出口价格的下降能在一定程度上避免涉案企业的海外市场份额的大量丢失或者完全丢失,从而维持涉案企业的生存,但是长期来看,出口价格的下降极有可能导致两个严重的后果。一是因为出口价格的下降会导致后期国外会再次认为我国出口产品仍然存在倾销行为,从而导致对我国出口产品反倾销的再次发生,进而进入恶性循环。二是出口价格降低到一定程度会导致我国涉案企业即便能继续出口,却没有利润可赚,或仅只有非常微薄的利润可赚,从而无法维持正常的生产和出口。

5.2.2 博弈心理二:为避免后期国外对我国涉案产品反倾销的再次发生

有的涉案企业考虑到为了避免后期国外对我国涉案产品反倾销的再次发生,因此在反倾销发生后,选择提高出口价格的博弈行为。出口价格的提高虽然能在一定程度上降低反倾销发生的概率,但是这种博弈行为会有一定代价。在出口价格上升的同时,我国的涉案企业的海外市场势必会萎缩,甚至完全退出该海外市场。那么对于没有进行升级换代、没有提升附加值、没有实现市场多元化的涉案企业,这样做无论从短期看还是从长期看,均会出现对生产和出口产生严重的负面影响。而对于不断进行升级换代、不断提升附加值、不断进行多元化市场开拓的涉案企业,从短期来看出口价格上升会产生一定负面影响,但若能成功熬过海外市场萎缩的这段过渡期,长期来看将有可能存在一定的发展机会。

某一涉案产品有多家涉案企业时,这时出口价格的变动则取决于主导性的涉案企业的博弈心理。不同的涉案产品有不同的主导性的涉案企业,这些企业的技术发展程度、产品附加值的高低、市场多元化程度均不同,因此最终呈现出来的出口价格变动情况也可能不一样。

5.3　反倾销对我国涉案纺织品服装出口价格影响效应分析

中国出口的纺织品服装在国际市场有很强的国际竞争力,其竞争力的来源最为重要的因素就是价格,因此本研究针对纺织品服装国际竞争力的核心构成要素——价格进行研究,分析反倾销对出口价格的影响效应。反倾销对我国涉案产品出口价格的影响是通过影响我国涉案企业的博弈心理来实现的。对华纺织品服装反倾销的涉案产品众多,不同涉案产品的涉案企业可能会有不同的博弈心理,在不同的博弈心理下就会出现不同的博弈行为,最终导致反倾销下我国涉案纺织品服装的出口价格会出现不同的变动方向。

国外反倾销对我国不同种类的纺织品服装的出口价格的具体影响状况将通过下面的内容进行分析。

关于反倾销对我国纺织品服装出口价格的影响分析的思路,可以参照Asche 的研究思路,即采用市场一体化的检验方法,但是这种基于价格间的关系而分析市场结构的研究方法主要适用于单一的具体产品,且该产品的出口市场主要集中到少数的几个市场,如三文鱼、蜂蜜等。而在本课题的纺织品服装研究中,根据研究需要选取 20 种涉案的纺织品服装,产品数量较多,而且这些纺织品服装的出口市场分布广泛,并未集中到少数几个市场,因此采用市场一体化的检验方法不太合适。本研究最终确定对这 20 种涉案产品的在反倾销发生前后的出口价格进行直接的比较方法来进行出口价格影响的分析,这种方法更为直观,也更适用于本课题的纺织品服装类别中多种具体涉案产品的研究。

5.3.1 遭受反倾销的中国纺织品服装研究样本的选取

本研究选取了中国遭受反倾销的 20 个涉案纺织品服装为代表进行研究。选取的样本越多,研究结果的偏差就越小,结论的可信度越高,但在无法获得我国所有涉案纺织品服装的数据的情况下,只能选取尽量多一些样本。在样本的选取中考虑到数据的时效性和较普遍的代表性,本课题在选取这 20 个涉案产品研究样本时主要是基于下面几个方面的考虑:

(1)反倾销的国家既要有发达国家,又要有发展中国家;

(2)选取的纺织品服装需要是不同的具体产品,且既有原材料,又有半成品和制成品;

(3)为了能有效比较遭受反倾销前后的出口价格变化,选取的该纺织品服装在立案年份前未被同一国重复反倾销;

(4)反倾销立案年份尽量集中,这样价格的可比性更高;

(5)相关数据具有可获得性。

最终选定的 20 个涉案纺织品服装产品见表 5.1。

表 5.1 遭受反倾销的中国纺织品服装研究样本

序号	立案年份(T)	涉案产品	立案国家或地区
1	2010	男士西服套装或西服式上衣	阿根廷
2	2008	涤纶	阿根廷
3	2008	聚酯纤维	巴基斯坦
4	2009	合成纤维毯产品	巴西
5	2008	黏胶纤维	巴西
6	2008	人造纤维短纤纺制单纱线	巴西
7	2007	男用内衣	哥伦比亚

续表

序号	立案年份(T)	涉案产品	立案国家或地区
8	2008	聚酯预取向丝	韩国
9	2009	带织边窄幅织带	美国
10	2009	编织电热毯	美国
11	2006	聚酯短纤	美国
12	2009	平纹织物	秘鲁
13	2010	牛仔布	墨西哥
14	2009	合成纤维短纤	南非
15	2009	聚酯高强力纱	欧盟
16	2009	窗帘及装饰布	土耳其
17	2007	聚酯合成长丝纱线	土耳其
18	2007	合成纺织纱线	土耳其
19	2009	黏胶短纤维(除竹纤维外)	印度
20	2008	亚麻织物	印度

资料来源:根据 WTO 的各成员反倾销半年度报告及中国贸易救济信息网数据整理得到

5.3.2　涉案纺织品服装的价格变动状况

本课题以我国遭受反倾销的 20 个涉案纺织品服装为例,分析中国纺织品服装对反倾销立案国家的出口价格在遭受反倾销前后的比较。由于涉案产品在反倾销立案调查前一年的情况会受到进口国反倾销调查当局重点关注,因此从反倾销立案前一年的出口价格开始考察,用 T 表示立案年份,统计了 $T-1$、T、$T+1$、$T+2$ 共计四个年份的出口价格,然后以 $T-1$ 年份为基期,考察 T、$T+1$、$T+2$ 这三个年份的出口价格相对于 $T-1$ 年份的变动情况。

5.3.2.1　价格变动的总体状况分析

涉案产品出口价格具体变动数据见表 5.2(为了能更为直观地观察到价格上升与价格下降,特将表格中价格下降的格子涂为灰色)。

表 5.2 中国涉案纺织品服装出口价格变动统计

序号	涉案产品	出口价格变动（%）		
		T 年份	$T+1$ 年份	$T+2$ 年份
1	男士西服套装或西服式上衣	−66.2	−61.7	−57.7
2	涤纶	4.6	−11.1	34.4
3	聚酯纤维	7.1	−15.6	0.9
4	合成纤维毯产品	−1.6	−49.1	−36.3
5	黏胶纤维	10.8	−24.1	7.3
6	人造纤维短纤纺制单纱线	9.7	−11.1	16.3
7	男用内衣	60.1	64.4	85.4
8	聚酯预取向丝	4.0	46.5	40.0
9	带织边窄幅织带	−34.9	−36.1	−36.1
10	编织电热毯	−66.1	−66.2	−65.0
11	聚酯短纤维	2.0	0.3	13.6
12	平纹织物	15.8	−17.5	−20.6
13	牛仔布	−55.2	−45.6	−48.2
14	合成短纤维	−18.9	1.3	26.7
15	聚酯高强力纱	−17.5	−8.5	9.5
16	窗帘及装饰布	−34.0	−70.9	−65.3
17	聚酯合成长丝纱线	5.7	11.7	−7.4
18	合成纺织纱线	0.98	9.05	4.04
19	黏胶短纤维(除竹纤维外)	−5.1	20.7	41.3
20	亚麻织物	24.6	37.3	−51.0
	出口价格平均变动	−7.7	−11.3	−5.4
	价格下降次数合计(次)	9	12	9

注 价格变动为正数表示价格上升,为负数则表示价格下降。

资料来源:根据联合国统计署贸易数据库数据计算得到

　　每个涉案产品分别考察三个年份的价格变动,选取的涉案产品有 20 个,因此共计要考察 60 个数量的价格变动。表 5.2 中出现价格下降的次数总计 30 次,恰好占到总量的 50%,即正好有 1/2 的比例在反倾销中出现了价格下降。价格下降幅度最大达到 70.9%(窗帘及装饰布,$T+2$ 年份),价格下降幅度最小为 1.6%(合成纤维毯产品,T 年份)。数据显示价格上升的次数也为 30 次,占到总量的 50%。从价格上升或下降的次数上比较,显示出反倾销发生后涉案产品出口价格下降和上升的状况各占一半。

但是若再分析出口价格变动的总体幅度,结果显示,反倾销发生后,不同涉案产品的价格变动方向并不一致。即使是同一产品,它们的价格变动方向在不同年份也存在不一致的情况。若将 60 个数量的价格变动的百分率相加再除以60,得到−8.1%,这显示出反倾销发生后涉案产品出口价格变动幅度总体上显现价格下降的状况。

5.3.2.2　分年份的价格变动状况分析

表 5.2 中的数据显示,T 年份、$T+1$ 年份、$T+2$ 年份的出口价格平均变动均显示价格下降,分别为−7.7%、−11.3%、−5.4%,数据显示反倾销对涉案产品 $T+1$ 年份的出口价格抑制最大,$T+2$ 年份的出口价格抑制最小。

数据显示 T 年份中共计有 9 个涉案产品在反倾销立案的当年出现价格下降;$T+1$ 年份中共计有 12 个涉案产品在反倾销立案后的第一年出现价格下降;$T+2$ 年份中共计有 9 个涉案产品在反倾销立案后的第二年出现价格下降。可见,三个年份出口价格下降的次数比较均衡,没有明显差异。

总体上,反倾销对不同年份涉案产品出口价格的影响以抑制价格为主,$T+1$ 年份的涉案产品出口价格抑制最大,$T+2$ 年份的出口价格抑制最小。

5.3.2.3　分产品的价格变动状况分析

T 年份、$T+1$ 年份、$T+2$ 年份这三个年份均出现价格下降的涉案产品有 6个,分别是男士西服套装或西服式上衣、合成纤维毯产品、带织边窄幅织带、编织电热毯、牛仔布、窗帘及装饰布。其中制成品有 4 个,半制成品有 2 个(牛仔布、窗帘及装饰布)。

T 年份、$T+1$ 年份、$T+2$ 年份这三个年份均出现价格上涨的涉案产品有 4个,分别是男用内衣、聚酯预取向丝、聚酯短纤、合成纺织纱线。其中制成品与半制成品分别为 1 个和 3 个。

表 5.2 中的涉案产品中属于制成品的共计 5 个,即男士西服套装或西服式

上衣、合成纤维毯产品、男用内衣、带织边窄幅织带、编织电热毯,涉及 15 个价格变动数据,其中有 12 个数据显示价格下降,价格下降的次数占到制成品数据总次数的 80%。而其余的 15 个涉案产品属于原材料和半制成品,涉及 45 个价格变动数据,其中 18 个数据显示价格下降,价格下降的次数仅占原材料与半制成品总次数的 40%。

总体上显示,反倾销对涉案产品中制成品出口价格的影响主要体现为价格下降,对原材料和半制成品出口价格影响主要表现为价格上升。

5.4 小结

本研究以我国遭受反倾销的 20 个涉案纺织品服装为例,然后以反倾销立案前一年,即 $T-1$ 年份为基期,考察了 T、$T+1$、$T+2$ 这三个年份的出口价格相对于 $T-1$ 年份的变动情况,就国外对中国纺织品服装的反倾销在涉案产品出口价格的影响方面的具体情况进行了探索和求证,对此总结如下。

(1)反倾销对我国涉案的纺织品服装出口价格的影响方向主要取决于主导性涉案企业博弈心理的状况。

(2)虽然涉案产品都是纺织品服装,具有一定的相同属性,但是对涉案产品出口价格影响方向是上升还是下降方面最终表现并不一致。

(3)反倾销发生后涉案产品出口价格下降和上升的状况各占一半,但出口价格变动幅度总体上显现价格下降的状况,平均下降幅度为 8.1%。其中对 $T+1$ 年份的涉案产品出口价格抑制最大,$T+2$ 年份的出口价格抑制最小。

(4)总体上,反倾销对涉案产品中制成品出口价格的影响主要体现为价格下降,对原材料和半制成品出口价格影响主要表现为价格上升。

(5)应重视中小纺织服装企业转型升级平台的政策支持。在我国纺织品服装出口普遍存在价低量高的状况下,部分涉案企业选择降低出口价格的行为虽然短期能保住一定的海外市场,但价格低的局面会更为严峻,从而导致更为严厉的国外反倾销,这其实是一种饮鸩止渴的做法。这种降低出口价格博弈结果的选择跟我国大量的纺织服装出口企业是中小企业的状况密切相关,这些中小

企业没有足够的技术、资金等做出价格上涨这种博弈选择,因此价格下降则成
了这些中小企业的理性选择,否则损失会更大。这也正提醒我国纺织服装产业
的发展除了企业自身的努力之外,还非常需要借助政府行为的支撑,这样才能
在一定程度上改变涉案企业的博弈选择结果。比如,需要政府出台相应的政策
为大量的中小纺织服装企业提供融资便利政策、奖励政策,同时,政府还应提供
技术研发平台和技术转移平台的政策支撑,这样更有利于企业从高校等科研单
位获取高水平的技术。

（6）纺织服装企业要密切关注其他影响出口价格的因素。对出口价格产生
影响的因素具有多样性,不仅只有反倾销。比如,该涉案产品的反倾销进口国
市场是全球该产品市场的一部分,即该进口市场未与全球其他地方的市场明显
分离开来,这样就会导致反倾销对进口价格不会产生明显影响。原材料成本、
人工、政策因素等也可能对出口价格产生明显变动,市场紊乱或进出口商间的
博弈等原因也可能导致出口价格变动。对这些因素的关注有利于我国的涉案
纺织服装企业在一定程度上能及时调整出口价格,减少反倾销的发生,同时在
发生反倾销后有可能提供充足的证据来证明价格偏低并非企业自身的主动
行为。

第6章 中国纺织品服装在美国市场的市场势力分析

出口产品的国际竞争力有不同的衡量指标,其中市场势力是较为重要的一种衡量指标。根据市场势力理论,市场势力(Market Power)是一种基于卖方垄断的价格加成能力,更高的市场势力会带给我们更丰厚的利润回报,因此,我们有必要研究我国纺织品服装的市场势力,分析其主要的影响因素并提出相应的对策,以期在当前纺织品服装出口状况下获得更多收益。美国是中国纺织品服装非常重要的出口市场,有着举足轻重的地位,我国每年均有大量的各类纺织品服装出口美国。本研究主要针对中国的纺织品服装在美国市场的市场势力这种国际竞争力的状况进行分析。

6.1 市场势力模型设定及测算

6.1.1 市场势力模型的设定

当前测度市场势力应用比较多的模型主要有两种,一种是 Hall 的边际成本模型,另一种就是 Goldberg & Knetter 的剩余需求弹性模型。Hall 的边际成本模型在计算过程当中需要用到边际成本,这是比较难以获得的一种条件。而 Goldberg & Knetter 的剩余需求弹性模型主要的前提只是要求同质化的商品能够广泛地用于非完全垄断的市场上,其更大的优势还在于对国际影响因子的加入,使我们能够通过内外部环境更好地分析企业的市场势力来源。本文研究的是中国纺织服装产业的市场势力,而且美国市场是非完全垄断性的,正好契合 Goldberg & Knetter 的剩余需求弹性模型。本研究中选择 Goldberg & Knetter 剩

余需求弹性模型作为测度市场势力的模型,以此来分析我国纺织品服装的市场
势力。

本国产品的剩余需求等于进口市场对该类产品的全部需求扣除对竞争对
手产品需求后的剩余,它主要受本国产品价格、进口国收入水平和竞争对手成
本三个因素影响。因此,我国出口纺织品服装的剩余需求函数可以写成:

$$P=D(Q,J,M,\varepsilon) \tag{6.1}$$

式中:P 为我国纺织品服装出口的价格;D 为在目标市场上的剩余需求;Q 为出
口的数量;M 为目标市场(本研究指美国)的需求因素,主要参考指标是 GDP 和
消费者价格指数;J 为竞争对手的成本因素,本研究选取的是汇率和生产者价格
指数,其中汇率会随出口目标市场波动,而生产者价格指数是竞争对手的内部
因素;ε 为随机扰动项。实际操作中笔者对 Goldberg & Knetter 剩余需求弹性回
归模型采取双对数的处理办法,具体形式如下:

$$\ln P=\text{CONST}+\alpha_1\ln Q+\alpha_2\ln D+\alpha_3\ln C+\alpha_4\ln E+\alpha_5\ln W+\varepsilon \tag{6.2}$$

式中:$\ln P$ 为我国纺织品服装出口价格(美元/件)的自然对数;CONST 为常数
项;$\ln Q$ 为我国纺织品服装出口数量(件)的自然对数;目标市场的需求因素包
含美国的国民收入(GDP,美元计价)和消费者价格指数(CPI)两项,$\ln D$、$\ln C$ 分
别为它们的自然对数;竞争对手的成本因素用汇率(EX),即 $\ln E$;投入品价格指
数(WPI),即 $\ln W$;ε 为随机扰动项。各变量及字符含义见表6.1。

表6.1 各变量及字符含义

变量	含义
α_1	剩余需求弹性(市场势力)
CONST	常数项
$\ln P$	出口价格的对数值
$\ln Q$	出口总量的对数值
$\ln D$	美国 GDP 的对数值
$\ln C$	美国的消费者价格指数的对数值
$\ln E$	竞争对手汇率的对数值

变量	含义
$\ln W$	竞争对手的生产价格指数的对数值
α_n	分别表示相应变量的弹性系数

我们的目标是 $\ln Q$ 的系数 α_1（即剩余需求弹性），它的绝对值衡量了我国纺织服装产业的市场势力的相对大小，α_1 的绝对值越大，市场势力也越大。

6.1.2 市场势力模型数据选择和说明

本研究模型选定的目标市场为美国，通过剩余需求弹性回归模型测算中国纺织品服装在美国市场上的市场势力的大小。2010 年美国纺织品服装进口总额为 1053.2 亿美元，占全球纺织品服装进口总额的 16.6%。其中美国从中国进口纺织品服装 422.3 亿美元，占美国纺织品服装进口总额 40.1%。2011 年美国纺织品服装进口总额达到 1139.5 亿美元，占全球纺织品服装进口总额的 15.4%，其中从中国进口纺织品服装 445.0 亿美元，占美国纺织品服装进口总额的 39.1%。2013 年美国纺织品服装进口总额为 1047.3 亿美元，从中国进口纺织品服装 416.7 亿美元，占美国纺织品服装进口总额的 39.7%。2014 年美国纺织品服装进口总额为 1074.6 亿美元，自中国进口纺织品服装 418.2 亿美元，占比达 38.9%。美国是纺织品服装进口大国，中国的纺织品服装近几年在其市场上占据约 2/5 的份额，所以本研究模型以美国为目标市场。

本研究模型中选定的竞争对手为印度，因为 2010 年美国市场上来自印度的纺织品服装占美国纺织品服装进口总额的 7.6%，2011 年该占比达到 7.9%，2013 年该占比为 6.2%（2013 年被越南的 7.8%超越）。可见，在美国的纺织品服装市场上，印度是除中国以外最为主要的进口国之一。

文中的贸易数据主要来源于联合国的 UNComtrade 数据库，具体使用的是数据库中 HS1996 分类中的 H61（针织或钩编的服装及衣着附件）和 H62（非针织或非钩编的服装及衣着附件）两个大类的统计数据（具体数据见表 6.2）。

表 6.2 中国 H61 和 H62 两大类出口额及占比

年份	中国 H61+H62 出口额 （亿美元）	中国纺织品服装出口总额 （亿美元）	H61+H62 占比（%）
2000	322.9	522.1	62
2001	324.1	534.8	61
2002	365.7	618.6	59
2003	457.6	789.6	58
2004	547.8	952.8	57
2005	659.0	1152.1	57
2006	886.2	1440.6	62
2007	1088.8	1715.5	63
2008	1133.7	1857.7	61
2009	1004.8	1670.9	60
2010	1210.7	2067.4	59
2011	1432.4	2481.8	58
2012	1482.7	2549.8	58
2013	1650.5	2839.9	58
2014	1734.4	2984.3	58

资料来源:数据由联合国统计署贸易数据库数据整理得到

表 6.2 显示,这两个大类在我国历年纺织品服装出口贸易中都占据着较大的比重,大约维持在 60% 左右。竞争对手印度的汇率数据(单位美元折合卢比形式)和生产价格指数分别来自国际货币组织的 IFS 数据库和联合国统计署,美国的 GDP 和 CPI 数据来自美国国家统计局网站和国际劳工组织数据库。

6.1.3 市场势力测算

本研究使用 Eviews 统计软件通过普通最小二乘法（OLS）估计了 1995 ~ 2014 年我国纺织服装产业在美国市场的市场势力,具体结果见表 6.3。

表 6.3　1995~2014 年中国纺织品服装在美国市场的市场势力

年份	弹性系数	市场势力	年份	弹性系数	市场势力
1995	0.34	0.34	2005	-0.37	0.37
1996	0.40	0.40	2006	-0.49	0.49
1997	0.55	0.55	2007	-0.51	0.51
1998	0.31	0.31	2008	-0.76	0.76
1999	0.28	0.28	2009	-0.92	0.92
2000	-0.55	0.55	2010	-0.93	0.93
2001	-0.56	0.56	2011	-0.92	0.92
2002	-0.68	0.68	2012	-0.92	0.92
2003	-0.56	0.56	2013	-0.91	0.91
2004	-0.55	0.55	2014	-0.91	0.91

回归方程总体上通过检验,表明美国的纺织品服装市场是不完全竞争的,说明我国纺织品服装的出口价格可以部分由自身出口量的变动解释,也就意味着有市场势力的存在。我国长期以来占据着美国市场的 1/3~2/5 的市场份额,较高的市场份额给我们带来了一定的市场势力作为回报。虽然中国的市场势力与意大利在国外长期 0.8 以上的市场势力相比,2008 年之前我国纺织服装产业的市场势力还是显得有些偏小,但是表 6.3 的数据显示,1995 年以来,我国的纺织服装产业在美国市场上的市场势力虽有起伏,但总体上在不断攀升,基本处于一个上升的趋势。2009~2014 年期间,中国的市场势力均达到 0.9 以上,显示出近几年中国纺织品服装出口的价格加成能力得到明显提升,说明利润回报得到明显提升。

6.2　市场势力影响因素分析

6.2.1　市场势力来源

西方经典的 SCP 范式认为市场结构决定市场势力的来源,该理论认为:在完全竞争市场结构当中,当公式"边际成本=价格-边际收益"成立时,市场势力等于零;市场势力只能出现在非完全竞争的市场结构当中。根据前人的研究,市场势力有以下几个重要来源。

6.2.1.1　规模经济

规模经济一般是指由于规模的扩大带来生产的专业化水平提高等因素,导致企业单位生产成本降低,企业的长期平均成本也会随着产量的增加而下降的一种经济模式。与之相对应,当生产扩张到一定规模以后,厂商继续扩大生产规模,会导致经济效益下降,即出现规模不经济。

6.2.1.2　进入壁垒

Bain认为进入壁垒(Barriers to Entry)使得企业能够在不受到其他企业威胁的情况下得到获取远超正常利润的机会。进入壁垒是决定市场结构和布局的关键因素,它使得早期进入市场的企业相对于即将进入的企业或者潜在的进入者来说有某些方面的优势,也就意味着,潜在的竞争者在面对陌生的市场时会有种种有形或者无形的障碍,想要进入其中必须付出更多努力,因此要承担一些额外的成本,在市场竞争中会处于不利地位。

6.2.1.3　产品差异化

产品差异化(Product Differentiation)是指企业以某种方式改变那些基本相同的产品,以使消费者相信这些产品存在差异而产生不同的偏好,具体表现在产品价格定位差异化、技术差异化、功能差异化以及文化差异化。在当前国际市场上,产品差异化是普遍存在的,其成功程度直接和垄断权相关联,进而获取可观的市场势力,产品差异化和市场势力是呈现正相关的。

6.2.2　影响因素实证分析

6.2.2.1　模型设定及影响因素甄别

仍以美国市场作为目标市场进一步分析我国纺织品服装市场势力受哪些因素的影响。基于以上三个层面考虑,本研究选取了对美国的纺织品服装出口总额、纺织原材料购进价格指数、其他人员工资、人民币对美元汇率、实验与发展支出经费、固定资产投资和专利申请量一共七个变量来验证这些因素对我国纺织品服装市场势力的作用,分别用 $X_1 \sim X_7$ 表示。其中对美国的纺织品服装出口总额 X_1 是基于规模效应选取的变量;纺织原材料购进价格指数 X_2 和其他人员工资 X_3 以及人民币对美元汇率(单位人民币折合美元形式)X_4 关系到成本要素,是基于进入壁垒选取的变量;实验与发展支出经费 X_5 和固定资产投资 X_6 以及专利申请量 X_7 关系到创新,是基于产品差异化选取的变量。上述变量数据中,X_1 来自联合国统计署,其余变量数据来自国家统计局。

首先以美国市场上的市场势力 S 作为因变量,构建回归方程:

$$S = \text{CONST} + \alpha_1 \ln X_1 + \alpha_2 \ln X_2 + \alpha_3 \ln X_3 + \alpha_4 \ln X_4 + \alpha_5 \ln X_5 + \alpha_6 \ln X_6 + \alpha_7 \ln X_7 + \varepsilon$$

$$(6.3)$$

通过 Eviews 的逐步回归法(STEPLS)对方程进行回归分析,回归结果显示有些变量的回归系数并不显著,基于自由度的考虑,我们移除了变量 X_1、X_2、X_3、X_7,最后的回归结果显示变量 X_4、X_5、X_6 的显著性水平很高,都在 1% 的水平下显著。回归结果见表 6.4。

表 6.4　回归结果

变量	系数	标准误差	T 统计量	P 值 *
X_4(人民币对美元汇率)	−2.897193	0.654223	−4.428450	0.0004
X_5(实验与发展支出经费)	0.713684	0.206287	3.459672	0.0032
X_6(固定资产投资)	−0.887852	0.273363	−3.247893	0.0050
C	11.09489	2.819889	3.934511	0.0012
R 方	0.875677	因变量均值	0.621000	
调整后的 R 方	0.852367	因变量标准差	0.230489	
回归的标准误差	0.088561	赤池信息准则	−1.833394	
残差平方和	0.125489	贝叶斯信息准则	−1.634247	
对数似然值	22.33394	H—Q 信息准则	−1.794518	
F 统计量	37.56578	D.W 统计量	1.871883	
P 值(F 统计量)	0.000000			

回归结果显示,保留下来的三个变量除了 X_5(实验与发展支出经费)与市场势力正相关以外,其他的两个变量 X_4(人民币兑美元汇率)、X_6(固定资产投

资)都与市场势力负相关。这比较容易解释,实验与发展支出经费的增加会带来技术的创新,形成差异化,自然会导致市场势力的上涨。人民币对美元汇率的上升会导致生产成本的增加,对纺织品服装出口是不利的,负相关也在情理之中。而固定资产投资一方面会带来技术创新是有利的因素,另一方面投入的增加也会导致生产成本的上涨,特别是低端、无序、重复的投资更会导致生产成本上涨,且这种投资带来的少量的技术进步在国际市场上也没有明显优势,因此该变量的回归结果显示弊大于利,与纺织品服装市场势力呈现负相关。其他基于自由度考虑舍去的变量对纺织品服装市场势力的影响暂时还不明了,有待进一步研究。

6.2.2.2　影响权重计算

在将对我国纺织品服装市场势力显著相关的影响因素甄别出之后,为了进一步了解其对于市场势力的贡献程度,本研究继续对 X_4、X_5、X_6 进行熵权分析以确定其具体权重。用 SPSS 统计软件对这三个变量取自然对数后进行总体描述性的统计分析,以了解变量整体属性。描述性统计的结果见表 6.5。

表 6.5　描述性统计量

变量	N	极小值	极大值	均值	标准差
X_4(人民币对美元汇率)	20	181	212	20235	11765
X_5(实验与发展支出经费)	20	585	950	76967	119360
X_6(固定资产投资)	20	990	1315	113809	109191
有效的 N	20				

注　N 为 1995~2014 年每个指标的观测值的数量。

熵用来表示一种能量在空间中分布的均匀程度,在物理学的分支热力学当中,熵值可以用来度量系统的混乱和无序程度,后来被学者引用到了经济学领域。在实际的理论研究中,一般认为指标的熵值和所携带的信息量成负相关,如果指标的熵值越小,则该指标提供的信息量越大,在综合评价中所起作用理当越大,权重就应该越高。熵权法就是一种利用指标的熵值以及其代表的变化程度,从整个系统的层面判定其指标权重的一种客观的计量方法。

为了使异质数据同质化,需对数据做标准化处理,具体方法如下:

$$x'_{ij} = \left[\frac{x_{ij} - \min(x_{1j}, x_{2j}, \cdots, x_{nj})}{\max(x_{1j}, x_{2j}, \cdots, x_{nj}) - \min(x_{1j}, x_{2j}, \cdots, x_{nj})} \right] + 1 \qquad (6.4)$$

式中:x_{ij} 为原始数据,指第 j 项指标下第 i 个因素;x'_{ij} 为标准化处理后的数据。

首先,需计算第 j 项指标下第 i 个因素占该指标的比重:

$$P_{ij} = \frac{x'_{ij}}{\left(\sum_{i=1}^{m} x_{ij} \right)} (i = 1, 2, \cdots, m; j = 1, 2, \cdots, n) \qquad (6.5)$$

然后,计算第 j 个指标的熵值 e_j 和效用值 $d_j = 1 - e_j$。其中熵值 e_j 用下列公式计算:

$$e_j = -k \sum_{i=1}^{m} p_{ij} \ln(p_{ij}) \qquad (6.6)$$

式 6.6 中,$k > 0, k = \dfrac{1}{\ln(m)}, e_j \geq 0$。经计算 $\ln(m) = 2.99 \; k = 0.33$。

对 X_4、X_5、X_6 的熵值和效用值的计算结果见表 6.6。

表 6.6 熵值 e_j 和效用值 d_j

变量	X_4	X_5	X_6
熵值	0.906774	0.910998	0.877767
效用值	0.093226	0.089002	0.122233

最后,计算指标权重 g_j,计算公式如下:

$$g_j = \frac{1 - e_j}{n - E_e} \qquad (6.7)$$

式中:n 为指标个数(本研究涉及三个变量,则 $n = 3$),$E_e = \sum_{j=1}^{n} e_j, 0 \leq g_j \leq 1$,$\sum_{j}^{n} g_j = 1$。

根据式(6.7)得到 X_4、X_5、X_6 的权重计算结果见表 6.7。

表 6.7 权重 g_j

变量	X_4	X_5	X_6
权重	0.3062	0.292326	0.401473

熵权分析的结果表明和市场势力呈现负相关的指标 X_4(人民币对美元汇率)和 X_6(固定资产投资)占据了较大的权重,合计达到约 70% 的权重;正相关的 X_5(实验与发展支出经费)则权重较小,权重约占到 30%。为了能进一步提高我国纺织品服装的市场势力,我们应扬长避短,减小或抑制"人民币对美元"和"固定资产投资"对市场势力的反向影响,充分发挥"实验与发展支出经费"对市场势力的正向影响。

6.3　结论和建议

通过对中国纺织品服装在美国市场的市场势力的研究,得出以下结论。

第一,虽然我国纺织品服装出口还处于量高价低的阶段,但中国的纺织品服装在美国市场上仍然存在市场势力。

第二,1995 年以来,中国纺织品服装在美国市场上的市场势力不断攀升,处于上升趋势。2009~2014 年中国纺织品服装出口的价格加成能力得到明显提升,说明利润回报得到明显提升。

第三,通过对市场势力来源视角分析,发现三个因素对中国纺织品服装在美国市场的市场势力存在显著影响,这三个因素分别为:人民币对美元汇率、实验与发展支出费用和固定资产投资。

第四,人民币对美元汇率和固定资产投资对市场势力是反向影响,且合计影响权重大,约占 70%;实验与发展支出费用对国际市场是正向影响,影响权重约占 30%。

为了维持我国纺织品服装贸易的可持续发展,维护正常贸易利益的获取,我们应不断提高我国纺织品服装的市场势力。对此,本研究提出以下措施建议。

第一,控制纺织品服装生产规模,减少低端产业无序而重复的投资,淘汰落后的产能。

大量投资带来的规模效应初期能给我国带来一定规模经济,但是发展到后期就成为规模不经济,而且"固定资产投资"对市场势力是反向影响,因此在我国的纺织服装产业链已经比较齐备的状况下,需要做的是引导投资科学化。

①投资方向:伴随着产业升级,要吸引资本投向高技术含量、高附加值的研发和设计环节。

②投资区域:要继续优化中西部地区的投资环境,促进因东部沿海地区成本上涨而意欲转移的资本向中西部流动,同时各地区之间应协调投资战略和政策,克服地方保护主义,促进地区间人才、资源合理流动,挖掘更有潜力的增长空间。

③投资主体:我国现阶段中小企业的投融资领域仍然存在很多瓶颈,而在纺织服装业中我国存在大量的中小企业,政府应为这些数量众多的企业创造良好的投融资外部环境,使我国纺织服装业投资主体逐步趋于多元化。

第二,拓宽价值链增值渠道。人民币对美元汇率对市场势力是反向影响,因此在人民币长期升值的状况下,中国的市场势力势必不断被削弱。再加上出口退税政策变动、原材料价格上涨等一些因素的影响,我国纺织品服装生产成本优势不再,较低的出口价格带来的微薄利润被进一步压缩,国际市场纺织服装企业生存环境变得比较严峻,在这种形势下我国的相关企业要延伸其价值链,向价值链的上端争取利润。主要的方向是要做好品牌宣传和管理,例如雅戈尔的垂直整合和品牌营销战略就很成功,先后实现对新马公司和SMART公司的收购,获得相应的销售渠道和品牌聚集效应,其实质就是对于技术能力和市场能力的双向战略升级。

第三,关注技术创新,通过校企结合提高技术转化效率。研究结果显示实验与发展支出费用对市场势力是正向影响,而实验与发展支出费用的增加会不断带动和导致技术创新,从而能促进中国市场势力的增长。科学技术是第一生产力,技术创新带来的附加值是无比丰厚的,中国每年用于技术创新的经费总额不少,但是占GDP的比例偏低。最近几年在建设创新型国家的政策驱动下,国家在不断加大投入力度,2012年的科研投入占GDP比例已经达到1.97%,但还是落后韩国、以色列和美国等很多国家。要想纺织服装业获得更高的市场势力和利润率,技术创新是必经之路,国家的扶持力度还有待进一步加大。另外要加强科技成果向生产成果转化的能力,我国每年都有大量的专利申请量和授予量,但是转化效率很低,这主要表现在科研院校和企业的信息不对称。校企结合是很好的解决方案,我国的纺织服装类高校和科研院所要积极和相关企业沟通共享研究资源,实现技术和成果的无缝对接,使得科研成果第一时间转化为现实生产力。

第 7 章　基于不同目标市场的中国
纺织品服装的市场势力比较
分析与市场选择研究

　　我国纺织品服装出口到世界 200 多个国家和地区,纺织品服装出口市场多元化趋势有所发展,但是对传统的出口对象的依赖程度依然很高,在欧盟、美国、东盟和日本这几个主要国家和地区的出口量占总量的 50% 以上,市场集中度仍然偏高,而较高的市场集中度会导致更大的市场风险。如何在现有的出口市场格局下通过合理的出口市场选择在尽可能规避市场风险的前提下实现利润最大化的问题摆在我们面前,为此本研究对我国纺织品服装在不同的目标市场上的市场势力进行测算和比较分析,并通过波士顿矩阵的方法对如何进行市场选择进行探索。

7.1　两个维度的测算

7.1.1　我国纺织品服装的市场势力

　　中国纺织品服装历年的出口额都比较大,近年来更是占到全球纺织品服装总出口总额的 1/3 以上,较大的市场份额也给我们带来一定价格加成能力。

　　2016 年全球纺织品服装进口额前九名的排名见表 7.1,这几个国家和地区的进口额也基本占据了全球纺织品服装进口量的半壁江山,我国的纺织品服装也大部分出口到这些市场上。

表 7.1　2016 年全球纺织品服装进口额前九位　（单位:亿美元）

纺织品进口				服装进口			
排序	国家或地区	金额	占全球比重(%)	排序	国家或地区	金额	占全球比重(%)
1	欧盟(28 国)	690.0	22.9	1	欧盟(28 国)	1750.0	37.4
2	美国	290.0	9.5	2	美国	910.0	19.5
3	中国	170.0	5.5	3	日本	280.0	6.1
4	越南	130.0	4.3	4	加拿大	100.0	2.0
5	日本	80.0	2.8	5	韩国	90.0	1.8
6	孟加拉	70.0	2.4	6	中国	70.0	1.4
7	墨西哥	60.0	2.1	7	澳大利亚	60.0	1.4
8	土耳其	60.0	2.0	8	瑞士	60.0	1.3
9	印度尼西亚	60.0	1.9	9	俄罗斯	60.0	1.2

资料来源:中国纺织工业联合会.2017/2018 中国纺织工业发展报告[M].北京:中国纺织出版社,2018.

为了测算主要目标市场的市场势力,笔者把目标市场选取进口额前十位中最有代表性的五个国家和地区:传统的出口目标市场美国和欧盟,亚洲出口市场代表日本,以及新兴的出口市场俄罗斯和墨西哥。我国纺织品服装在这五个最具代表性的目标市场上的出口额及所占比重具体数据见表 7.2。中国纺织品服装出口市场主要集中在美国、欧盟和日本,这三个市场占据中国纺织品服装出口总额的约 38%份额,而且市场基本稳定,波动不大。并且,2017 年我国纺织品服装品出口在这三个目标市场纺织品服装进口中的占比是:美国达到41.8%、欧盟(28 国)达到 39.3%,日本高达 60.7%。

表 7.2　2017 年中国对主要目标市场的纺织品服装出口额及占比

国家或地区	中国对目标市场的出口额(亿美元)	占中国出口总额的百分比(%)
欧盟(28 国)	498.6	18.2
美国	477.1	17.4
日本	212.8	7.8

续表

国家或地区	中国对目标市场的出口额(亿美元)	占中国出口总额的百分比(%)
俄罗斯	59.2	2.2
墨西哥	27.3	1.0
总和	1275	46.4

资料来源:中国纺织工业联合会.2017/2018中国纺织工业发展报告[M].北京:中国纺织出版社,2018.

本研究选择 Goldberg&Knetter 剩余需求弹性模型来分析我国纺织品服装的市场势力。其回归模型采用统计学上的对数形式,具体的表达式如下:

$$\ln P_{mt}^{i} = \lambda_m + \eta_m \ln Q_{mt}^{i} + \alpha_m^{i} \ln Z_{mt} + \omega_m^{n} \ln E_{mt}^{n} + \beta_m^{n} \ln M_t^{n} + \varepsilon_{mt} \tag{7.1}$$

根据本研究的研究内容,具体的回归方程我们选用了简化后的双对数的形式:

$$\ln P = \mathrm{CONST} + \alpha_1 \ln Q + \alpha_2 \ln D + \alpha_3 \ln C + \alpha_4 \ln E + \alpha_5 \ln W + \varepsilon \tag{7.2}$$

式中:$\alpha_1 \sim \alpha_5$ 为相应变量的弹性系数(其中 α_1 即市场势力);CONST 为常数项;$\ln P$ 为对应市场出口价格的对数;$\ln Q$ 为对应市场的出口量的对数;$\ln D$ 为出口对象 GDP 的对数;$\ln C$ 为出口对象消费者价格指数的对数;$\ln E$ 为竞争对手汇率的对数;$\ln W$ 为竞争对手生产者价格指数的对数。

该模型中的贸易数据主要来源于 UNComtrade 数据库中 HS1996 分类中的 H61(针织或钩编的服装及衣着附件)和 H62(非针织或非钩编的服装及衣着附件)两个大类,这两个大类在历年纺织品服装出口贸易当中都占据较大的比例,如 2001 年比例为 69.17%,2006 年比例为 68.75%,2010 年比例为 77.4%。

笔者选取 2000~2013 年的相关数据,全部取对数处理,利用 Eviews 软件,通过普通最小二乘法(OLS)分别估计我国纺织品服装产业在对应市场上的市场势力,结果见表 7.3。

表 7.3 中国在各目标市场的市场势力

目标市场	美国	欧盟	日本	俄罗斯	墨西哥
市场势力	0.73	0.72	0.68	0.16	0.11

测算结果显示,中国的纺织品服装在不同目标市场上的市场势力是有差异的,而市场势力本身代表着一种价格加成能力,也就是盈利能力。如何根据已经得到的市场势力数据去选择恰当的出口市场策略,规避风险,实现利益最大化就是接下来我们要研究的问题。根据改进的波士顿矩阵,下面来计算另外一个维度:各自目标市场的市场增长率。

7.1.2 市场增长率

市场增长率选取年平均增长率,其计算公式为:

$$m = \left(\sqrt[n]{\frac{b}{a}} - 1 \right) \times 100\% \qquad (7.3)$$

式中:b 为 2013 年目标市场的市场占有量;a 为 2000 年的目标市场占有量;n 为 13。数据 b 和 a 来源于 UNComtrade 数据库。经过测算各个目标市场的年均增长率(取 2000~2013 年的平均值)见表 7.4。

表 7.4 中国在各目标市场的年均增长率

目标市场	美国	欧盟	日本	俄罗斯	墨西哥
年均增长率	12.90%	13.20%	5.07%	12.50%	13.30%

7.2 改进的波士顿矩阵

波士顿矩阵(Boston Matrix)是由美国波士顿咨询集团首创的一种规划企业产品或业务组合的方法。该方法按照产品的相对市场占有率(相对市场占有率等于产品的市场占有率与该细分市场中最大竞争对手的市场占有率之比)以及产品销售增长率这两个影响因素,把企业的所有产品分为四种不同类型,分别叫作明星产品(市场占有率和销售增长率都高)、瘦狗产品(市场占有率和销售增长率都低)、现金牛产品(市场占有率高,销售增长率低)和问题产品(市场占有率低,销售增长率高)。四种类型的产品分别对应形成不同的产品发展前景,从而指导企业合理分配资源,并及时对产品组合进行调整和优化。

中国从2000~2013年纺织品服装出口全球年均增长率为6.16%,笔者把纵坐标的分界点设为6.16%,横坐标的分界点取五个目标市场的市场势力均值0.48,为了直观方便,将五个目标市场依次以代号1~5来代替。以市场年均增长率为纵坐标,市场势力(获利能力)为横坐标建立矩阵(图7.1)。在改进的波士顿矩阵中,由于需要对作为目标市场的国家和地区进行分类,因此分别用"贸易明星""贸易金牛""贸易幼童""贸易瘦狗"来代替明星产品、现金牛产品、问题产品、瘦狗产品。

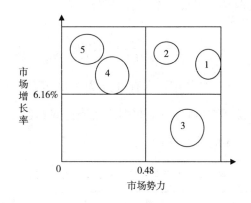

图7.1 改进的波士顿矩阵及四个象限

图7.1中矩阵分为四部分,分别为"贸易明星"(右上)、"贸易金牛"(右下)、"贸易幼童"(左上)、"贸易瘦狗"(左下)。其中,美国、欧盟处于"贸易明星"的位置;日本处于"贸易金牛"的位置;俄罗斯和墨西哥处于"贸易幼童"的位置(即处于标准的波士顿矩阵中的"问题产品"位置);所选样本市场暂时没有"贸易瘦狗"。

7.3 小结

第一,"贸易明星"包含美国和欧盟两个对象,其中两者互有优劣势,美国市场的市场势力较大,而欧盟的市场占有率的增速较快,两者的贸易优势都十分明显,远远大于0.48%和6.16%的基准线,这两个国家和地区纺织品服装贸易是要重点发展的,以进一步扩大规模获得更多的比较利润。

第二,"贸易金牛"只包含日本,其特点是较高的市场势力和较低市场增长率并存,较高的市场势力会带来较大的贸易利润,说明市场比较成熟,但是较低的市场增长率说明市场后劲不足,扩展空间较小,同时中日还受到地缘政治的影响,该市场要谨慎对待,建议稳定贸易投入量,稳固现有贸易利益即可。

第三,处于"贸易幼童"的市场包含俄罗斯和墨西哥两个,两者的共同点是较高的市场增长率以及较低的市场势力,这两个市场的纺织品服装进口量占我国总出口量的比重不及传统进口大国大,但是增长率都极高,墨西哥甚至超过欧盟市场,在五个贸易对象里最大,具有很大市场潜力。另外,当市场占有率增长到一定的程度,必然在市场定价上有更大的话语权,从而带来较大的市场势力使其向"贸易明星"转化。所以无论从市场发展潜力还是减少市场集中度以分担贸易风险的角度来看,这两个市场都是要引起足够重视的。

影响市场选择的因素比较多,本研究从改进的波士顿矩阵出发,以市场增长率和市场势力作为两个维度分析几个主要目标市场的优劣势,目标市场所处的象限一目了然。从近期贸易投资和回报来看,可以把出口市场重点选择在欧盟和美国市场。但若是按纺织品服装产业的长远发展来看,我们要格外关注以墨西哥和俄罗斯为代表的新兴市场,控制好市场集中度偏高这个不稳定因素,以确保在风险最小化的基础上实现最大收益。

第8章　基于不同规模的纺织服装企业技术、品牌、价格在海外市场扩张中的差异化策略研究

前文已述,中国纺织品服装出口占中国出口总额比重总体较高,但呈逐年下降趋势,中国纺织品服装出口在全球纺织品服装贸易中地位举足轻重,主要出口市场分布较为集中。我国纺织品服装出口市场主要集中于欧盟、美国、东盟、日本、中国香港、非洲、韩国,占到我国纺织品服装出口总额的70.5%。中国纺织服装企业的发展离不了海外市场,海外扩张是需要持续走下去的一条路,但是海外市场又充满各种变数和风险。

8.1　中国纺织品服装海外市场扩张之路的风险评估

8.1.1　贸易摩擦方面

反倾销已成为我国纺织品服装出口中面临的主要贸易壁垒,我国纺织品服装出口占中国出口总额的比重几乎是逐年下降,很明显中国的纺织品服装出口受到长期的抑制。出口企业需要有合理利润才能有可持续的贸易发展,而合理的利润除了来自利润率,还来自较大出口金额的支撑。中国纺织服装产业整体利润率不高、出口价格不高,如果出口额再受到严重抑制的话,常意味着涉案企业在反倾销发起国的市场份额的萎缩和市场地位的丧失,也意味着出口企业的利润会受到严重影响,进而企业的生存就会成为大问题。

若从具体的涉案纺织品服装去考查,则对反倾销的影响的判断更为精准,因此本研究以第5章中选用的20个中国涉案纺织品服装作为研究样本进行研

究,考查其遭受反倾销后的出口额变动情况。涉案产品出口额具体变动数据见表8.1(为了能更为直观地观察到出口额上升与下降,特将表格中出口额下降的方格涂为灰色)。20个具体的涉案纺织品服装,每个涉案产品的出口变动统计三个年份,共计60个单元。统计结果显示:总计有11个涉案产品在反倾销立案的当年或之后的年份出现了出口额下降的状况,其中8个涉案产品在3个年份均出现出口额下降的状况,有3个涉案产品仅在立案当年出现了出口额下降的状况;出口额下降的单元达到27个,其中 T 年份有11个,$T+1$ 年份有8个,$T+2$ 年份有8个。可见,反倾销对中国涉案纺织品服装出口规模的抑制作用覆盖范围较广,研究样本中大约一半的涉案纺织品服装受到严重制约。

表8.1　中国涉案纺织品服装出口额变动统计

序号	涉案产品	出口额变动(%)		
		T 年份	$T+1$ 年份	$T+2$ 年份
1	男士西服套装或西服式上衣	59.3	52.7	48.8
2	涤纶纤维	−5.5	−76.6	−89.7
3	聚酯纤维	−13.3	7.6	119.1
4	合成纤维毯产品	−39.6	0.0	50.1
5	黏胶纤维	−97.9	−27.7	−79.3
6	人造纤维短纤纺制单纱线	−80.6	−74.7	−90.6
7	男用内衣	30.6	93.6	39.1
8	聚酯预取向丝	−51.2	−77.0	−61.1
9	带织边窄幅织带	4.0	30.0	30.0
10	编织电热毯	33.1	36.9	29.1
11	聚酯短纤维	24.6	9.3	84.4
12	平纹织物	−66.8	−59.6	−82.1
13	牛仔布	51.0	152.9	126.0
14	合成纤维短纤维	−41.5	−69.4	−80.8
15	聚酯高强力纱	−19.7	17.7	81.9
16	窗帘及装饰布	−34.0	−12.8	−8.2

续表

序号	涉案产品	出口额变动(%)		
		T 年份	$T+1$ 年份	$T+2$ 年份
17	聚酯合成长丝纱线	189.4	320.0	25.0
18	合成纺织纱线	937.2	938.3	613.2
19	黏胶短纤维(除竹纤维外)	19.1	38.2	4.7
20	亚麻织物	-5.7	-32.5	-12.0

注 本表格中的出口额变动是指研究样本中的中国涉案纺织品服装对反倾销发起国的出口额的上升或下降状况,该出口额变动的百分率是各个年份与 $T-1$ 年份的出口额相比较计算得到。数值为正数表示出口额上升,为负数则表示出口额下降。

资料来源:根据联合国统计署贸易数据库数据计算得到

8.1.2 成本变数方面

"低劳动力成本、低租金成本、低原料成本",这些关键词都曾加诸在中国纺织服装行业身上,而今看来,似乎已经今时不同往日。

8.1.2.1 *原材料成本动荡*

例如,2016 年 3~8 月,国内棉花价格陡然爬升,2016 年 3 月棉花市场均价约 12000 元/吨,到 8 月最高价已经超过 15500 元/吨,每吨价格上涨超过 3000元。同期,棉花的期货价则飙涨近 70%。涉棉企业的高成本无法顺利传递到产业链下游,继续生产只会带来亏本、高库存风险。用棉成本每吨就增加 3000~4000 元,但生产出的纱线每吨价格仅上涨约 1000 元,再到下游布产品,每米价格提升不过两三角钱。这导致生产 1 米布还要赔五角钱,订单量也大幅缩水。在棉花价格上涨的过程中,不少中小型涉棉企业都已转型从事化学纤维类材料纺织品生产,或加大生产中对化纤的使用。同时导致当时全国近 40%的涉棉企业都已纷纷通过放假等形式暂停生产❶。

---

❶ 新浪财经. 疯狂棉价冲击,纺织业近四成企业放假[EB/OL]. http://finance.sina.com.cn/money/future/fmnews/2016-08-02/doc-ifxunyxy6257568.shtml, 2016-08-02.

8.1.2.2　劳动力供给数量和比重不断减少

根据国家统计局的报告,2012 年国内劳动年龄人口数量首次减少 345 万人。自 2012 年起,我国劳动年龄人口的数量和比重连续 7 年出现双降,7 年间减少 2600 余万人,预计今后几年还将继续下降❶。

8.1.2.3　低廉要素成本比较优势难以为继,中国劳动力成本优势不再

根据国家统计局发布的统计数据,2018 年全国规模以上企业就业人员年平均工资为 68380 元,比上年增长 11.0%。生产制造及有关人员 55148 元,增长 8.8%❷。中国的纺织服装业属于劳动密集型产业,对劳动力成本很敏感。随着我国劳动力成本的不断攀升,中国纺织服装业的劳动力成本优势不再。

据中国网络监测数据显示,在沪深两市 120 家纺织服装上市公司中,在职职工人均薪酬方面如下:森马服饰领衔第一,2016 年在职职工数量达 2730 人,人均薪酬达 29.72 万元;龙头股份紧随其二,2016 年在职职工数量达 2279 人,人均薪酬 20.43 万元;万华化学为第三名,在职职工数量达 7888 人,人均薪酬 20.29 万元❸。

2015 年,人民网曾以"月薪 6500 招普工 广州制衣厂半天收 3 份简历"为标题报道过如下招工难的新闻:广州市人社局联合市总工会、市法援处举办广州市"春风行动 2015"促进异地务工人员就业市区联动专场招聘会,共组织约1500 家企业进场招聘,提供岗位 4.5 万个。珠海建轩服装有限公司是"例外服饰"的生产与研发基地,该公司现场负责人说,公司需要大量车位工、打边工等一线工人,但截至上午 12 时 30 分,只收到 3 份简历。该公司的招聘启事详细写明工资待遇及各种福利,比如提供带独立卫生间、太阳能热水及无线网络的免费住宿,员工每年可享受一次免费体检,普通工人平均月薪 4000 ~

---

❶　新浪财经.国家统计局:劳动年龄人口数量和比重连续 7 年双降[EB/OL]. http://finance. sina. com. cn/stock/hkstock/ggscyd/2019-01-23/doc-ihrfqzka0290643. shtml,2019-01-23.

❷　中国财经网.2018 年规模以上企业就业人员分岗位年平均工资情况[EB/OL]. http://www. cfen. com. cn/sjpd/jrtz/201905/t20190517_3259665. html, 2019-05-17.

❸　全球纺织网.120 家纺织服装企业"晒工资"! 最高人均年薪 30 万! [EB/OL]. https://www. tnc. com. cn/info/c-001001-d-3612717. html,2017-06-07.

6500 元……公司负责人说,今年一线工人工资待遇比去年升幅约 10%,但还是很难招人。❶

2019 年劳动力短缺的情况并未得到缓解,同样存在类似情况。2019 年南方都市报曾报道"广州制衣厂开过万月薪招工老板排 500 米长队当街'拉'工人"的新闻:"广州康乐、鹭江村为核心的制衣业产业带虽然仍体量庞大,但转型升级的趋势似乎是不可逆的。这个开春低气压笼罩在密集的城中村上空。产业内部工资成本越来越高,产业外部则随经济周期剧烈波动。当下的招工季节,很多老板在街头排起长龙举牌招工,招工队伍长达 500 米。城中村中的球场也被新开辟成引流点,但人造草绿地上开不出'花'。有老板表示,日薪开到600 元,应征者也寥寥无几。"❷

江苏省纺织产业主营业务收入约占全国的 1/5,外贸出口全国第三,约占全国的 1/6。全省现有规模以上纺织企业 7000 多家,从业人员 300 多万。根据2018 年江苏省财贸轻纺工会联合省纺织工业协会公布的调查结果,江苏省纺织行业样本职工在 2017 年全年平均应发工资 48351 元,比上一年调查的 2016 年数据增长 4%❸。

因此,未来 10 年,对中国纺织服装业而言,劳动力短缺及劳动力成本上涨问题将持续成为困扰。不仅纺织服装业面临着个问题,中国的其他传统的劳动力密集型制造业,如鞋帽、简单制成品等产业,劳动力短缺及劳动力成本上涨问题也将持续成为困扰。

8.1.3　产业转移方面

美国向制造业回归与本土纺织服装业呈回暖趋势。2012 年初,奥巴马曾发表第三次国情咨文,确立构建国家永续经营建设的"美国制造、本土能源、劳工

---

❶ 人民网. 月薪6500招普工 广州制衣厂半天收3份简历[EB/OL]. http://he. people. cn/n/2015/0309/c192235-24101578. html,2015-03-09.

❷ 搜狐网. 广州制衣厂开过万月薪招工老板排 500 米长队当街"拉"工人[EB/OL]. http://m. so-hu. com/a/296252203_161795,2019-02-21.

❸ 纺织中国在线.纺织大省纺企一线职工能挣多少钱? 这份报告说透了[EB/OL]. http://www. ctn1986. com/index. php? c=content&a=show&id=84675,2019-03-19.

技术训练、美国价值"四大支柱。美国的政策导向正在使中美贸易中,对美出口占比最多的纺织品、机械和运输设备带来调整。2011 年,美国研发投入占全球份额的 33%左右,可以预见,这将有利于美国加速向高端纺织服装产业回归。

印度、尼泊尔及东南亚国家后起直追,可能招致产业转移。例如,尼泊尔对服装出口给予现金奖励。出口商出口 30%~50%附加值的产品将有资格获得 2%的现金激励,而出口附加值的 50%~80%产品,能够获得 3%的现金激励,那些附加值超过 80%的产品,将得到 4%的现金激励❶。

正如国际经济学中著名的"雁阵发展模式"所描述的,产业像水一样流向低成本地区,从发达国家转移到发展中国家,从发展中国家转移到欠发达的国家。世界服装订单也滚滚流向孟加拉国、越南、缅甸、柬埔寨等国家。以孟加拉国为例,该国的工资、加工费都低于中国。孟加拉国和山东省面积差不多,人口约 2 个亿。据孟加拉国官方统计,目前,孟加拉国拥有 2000 多家纺织厂,6000 多家成衣加工厂,成为仅次于中国的全球第二大纺织品服装出口国。鞋厂近千家,主要生产各式真皮皮鞋。孟加拉国接近一半的纺织品服装鞋类出口至欧洲,其成衣与鞋子主要出口市场是欧盟和美国❷。

十多年前,江浙一带的服装厂老板一提到孟加拉国,便会嗤之以鼻:他们只能做做沙滩裤、T 恤衫。但转眼之间,孟加拉国已经能够大批量生产几乎所有的成衣——从衬衫到精致的夹克。由于后发优势,孟加拉国的服装生产设备普遍比较先进,服装加工厂规模巨大。2012 年,宁波市服装加工工人的工资是每个月 3000 元左右,还不包括四险一金,此外还有每年 10%~15%的涨幅,这是新的《中华人民共和国劳动法》中明文规定的条款。相比之下孟加拉国的工人工资每月只有 70~100 美元(相当于人民币 430~620 元),约为中国工人工资的 1/5❸。

❶　慧聪纺织网.尼泊尔政府对服装出口给予 2%的现金激励[EB/OL]. http://info. textile. hc360. com/2012/07/041050482953. shtml,2012-07-04.
❷　搜狐.孟加拉火了! 2018 下半年成衣出口达 170.8 亿美元,吸引 15 万华人涌入该国[EB/OL]. http://www. sohu. com/a/287842690_99903852,2019-01-09.
❸　服装招商网.服装代工订单:孟加拉制造挑战中国制造[EB/OL]. http://zs. efu. cn/news-view-257839-1. html,2012-11-27.

欧美对东南亚国家的关税优惠,导致欧美从东南亚国家的进口更为便宜。欧盟于 2011 年 1 月起对最不发达的国家(LDCs)实行更宽松的普惠制(GSP),因此东南亚诸国的服装进入欧洲免关税,但中国的产品仍要加收 12% 的关税❶。例如,同样一件衣服,报价都是 20 欧元,从中国运往欧盟的清关价格为 22.4 欧元,而从东南亚运到欧盟仍然是 20 欧元。对于中低档服装而言,同质化比较严重,品质差异不大,价格就成为最为主要的决定性因素,这会导致中国输往欧盟的服装几乎完全丧失价格优势。

除了国外的纺织品服装订单不断流向东南亚等国家,近几年,中国自己的纺织服装业也不断在向东南亚国家及其他国家进行转移,表 8.2 为中国纺织业部分龙头企业海外布局情况。

表 8.2　中国纺织业部分龙头企业海外布局情况

公司名称	布局国家	海外产能占比
百隆东方	越南	45%
健盛集团	越南	1/3
申洲国际	越南、柬埔寨	布料:40%;成衣:30%
天虹纺织	越南	40%
联发股份	孟加拉国、柬埔寨、埃塞俄比亚	—

资料来源:前瞻经济学人.替代与升级,那些正在消逝的行业盘点之——纺织业:劳动力成本优势丧失,企业向东南亚转移[EB/OL]. https://www. qianzhan. com/analyst/detail/220/190201-a7e6984c. html,2019-02-08.

8.2　技术、品牌、价格在海外市场扩张中的差异化策略

8.2.1　总体思路和观点

中国纺织服装行业除面临出口订单减少,还面对原材料、劳动力和能源等生产要素成本的大幅上升,加上国外产业转移方面的风险以及人民币汇率升高

---

❶　服装招商网.服装代工订单:孟加拉制造挑战中国制造[EB/OL]. http://zs. efu. com. cn/newsview-257839-1. html,2012-11-27.

和环保方面的约束,生产加工型企业的出路越来越窄,必须通过提高技术含量、质量和原创品牌附加值,才能保持发展和拥有市场,因为依靠技术和品牌拥有的市场才具有可持续性和盈利性。因此海外市场的扩张主要依赖于技术、品牌、价格这三个方面,但是我国大型纺织服装企业和中小纺织服装企业应该采取差异化的海外扩张策略。这种差异化是由于大型纺织服装企业与中小纺织服装企业本身的差异化的特质导致的,因此差异化不仅涉及大型企业与中小型企业之间海外扩张策略的差异化,而且也涉及技术、品牌、价格三个方面的差异化,这意味着技术、品牌、价格三个方面应有所取舍和侧重,并非齐头并进,具体见图 8.1 和图 8.2。

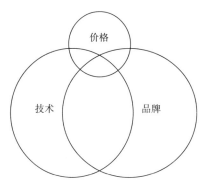

图 8.1　大型纺织服装企业海外市场扩张差异化战略示意图

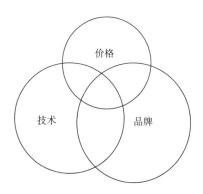

图 8.2　中小型纺织服装企业海外市场扩张差异化战略示意图

在图 8.1 中,价格圆圈远远小于技术圆圈与品牌圆圈,而技术圆圈与品牌圆圈大小相等,这意味着我国大型纺织服装企业海外市场扩张策略应该是:重构纺织业的科技优势,依靠科技维持市场和创造市场,高度重视品牌培育,适当弱化价格竞争。

在图 8.2 中,价格圆圈最小(大于图 8.1 的价格圆圈),技术圆圈稍大(小于图 8.1 的技术圆圈),品牌圆圈最大(小于图 8.1 的品牌圆圈),这意味着我国中小型纺织服装企业海外市场扩张策略应该是:以价格优势为基础,适当参与技术研发,从长远的策略目光重视品牌培育。

8.2.2　大型与中小型纺织服装企业海外市场扩张差异化策略

8.2.2.1　技术

知识产权数量在一定程度上反映了一国对技术研发的状况。随着中国纺织服装企业对技术研发越来越重视,我国纺织服装企业在知识产权数量上不断持续增长。

图 8.3 为中国纺织服装行业的专利申请数量及有效数量的状况。2012~2016年我国纺织业和纺织服装、服饰也规模以上工业企业专利申请量平稳增长,2015年最高为 30160 件,2016 年有一定回落;但发明专利申请量持续增长,由 2012 年的 2728 件,增长到 2016 年的 5485 件,增长率为 101.1%;有效发明专利数也获得持续增长,由 2012 年的 3225 件,增长到 2016 年的 9886 件,增长率为 206.5%。

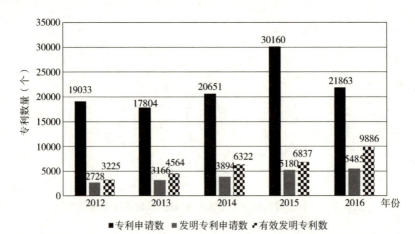

图 8.3　中国纺织服装行业的专利申请数量及有效数量的状况

资料来源:中国纺织工业联合会. 2017/2018 中国纺织工业发展报告[M]. 北京:中国纺织出版社,2018.

　　（1）大型纺织服装企业策略：重构纺织业的科技优势，依靠科技维持市场和创造市场。

　　中国的一些先进纺织产业技术是其他竞争对手国家所不具备的，或其他竞争对手虽然拥有该项技术但产品成本远高于中国，而且这些优势也并不是短时期内能够形成的。多年来，由于中国纺织工业具有完整、先进的产业链，中高档服装纺织品面料生产能力较强。例如，武汉纺织大学的徐卫林教授研发的"高效短流程嵌入式复合纺纱技术"能纺出世界上最轻薄的面料，能纺出有丝绸手感的羊绒。该项技术拓宽了可纺纤维的范围和种类，用羊绒、麻等名贵纤维纺出更细的纱。这让以往在纺织中一些不能使用的原料能够利用起来，也让一些昂贵的材料有了更高的附加值。这项技术是在纺纱领域的一次突破，它走在国际最前沿，甚至让曾经代表世界纺纱最高水平的意大利厂商惊叹。

　　纤维、纱线等在欧美地区也在市场占有率方面较竞争对手国具有绝对优势。因此我们可以大力推进纤维原料开发，如量大面广的超仿真化纤开发，高性能、差别化、功能性纤维的开发。

　　内销和外销两个市场对纺织品服装的需求在不断升级，我国纺织服装行业也不断通过技术研发提高产品质量以满足市场需求。同时国家层面推进的"三品"战略也为产品质量的提高提供了支撑。2016年5月，国务院常务会议部署促进消费品工业的"三品"战略。所谓"三品"即"增品种、提品质、创品牌"。中华人民共和国国务院提出促进消费品工业升级、发挥消费对经济发展和产业转型的关键作用，是推进机构性改革尤其是供给侧结构性改革、扩大内需的重要举措。2016年5月30日，国务院办公厅正式发布《关于开展消费品工业"三品"专项行动营造良好市场环境的若干意见》，意见中指出，要立足大众消费品生产推进"品质革命"，走以质取胜、质量强国的发展道路。国家工信部、中国纺织工业联合会、地方政府及相关单位、广大企业持续发力，在纺织服装行业掀起一场品质创新与革命❶。

　　随着中国纺织品服装品质的不断提高，中国出口的纺织品服装因质量问题被进口国通报的案件数量近几年不断下降。图8.4为纺织品服装遭受欧

---

❶　中国纺织工业联合会. 2017/2018 中国纺织工业发展报告［M］. 北京：中国纺织出版社，2018.

盟 RAPEX❶ 通报的案件数量。中国纺织品服装 2008 年遭受欧盟 RAPEX 通报案件为 54 起（PAPEX 通报案件的统计中所指"中国"仅限中国境内,以下相同）,2012 年案件数量达到最高的 312 起,2012 年之后随着我国纺织服装企业持续技术研发、不断创新和严控产品质量,遭欧盟 RAPEX 通报的案件数量逐年下降,到 2017 年下降到 98 件。从通报的案件分析来看,中国纺织品服装存在的主要问题有:如儿童服装上绳带、小部件设计不符合标准要求;涉及健康安全的理化性能指标未达到进口国的法规和标准要求,如甲醛、禁用 AZO（偶氮）、可萃取重金属含量等超标,色牢度不过关,面料的阻燃性能不符合规定要求等。

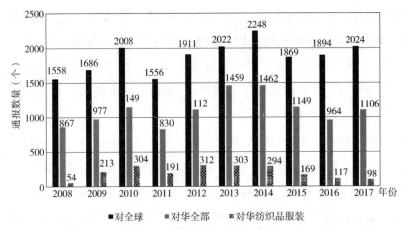

图 8.4　纺织品服装遭欧盟 RAPEX 通报案件数量

（本图中的中国仅限中国大陆地区）

资料来源:中国纺织工业联合会. 2017/2018 中国纺织工业发展报告［M］. 北京:中国纺织出版社,2018.

---

❶ RAPEX 是 the Rapid Alext System for Non-food Consumer Products 的缩写,即非食品类消费产品的快速警报系统。RAPEX 重点关注通用产品、玩具、化妆品和低压电器四大类产品,食品、药品和医疗器械不列入这一系统。该系统是欧盟委员会下属的"健康和消费者保护理事会"根据 GPSD《通用产品安全指令》新方法指令（2001/95/EC）实施的,旨在保护消费者利益,确保威胁产品的信息能够尽快地被成员国权力机关和欧盟委员会知晓的一种措施。其功能是确保成员国主管机构确认的危险产品的相关信息能够在成员国主管机构及欧盟委员会间迅速地分发,防止并限制向消费者供应这些产品。具体而言,针对可能会对消费者的健康与安全构成严重风险的消费品的销售和使用,各国主管机构通过 RAPEX 系统向欧盟委员会通报其采取的预防性或限制性措施。这些措施包括成员国主管机构法令的措施以及生产商及销售商自愿执行的措施,最常用的是禁止/停止销售、从市场中撤出危险产品、向消费者提供与产品使用相关的风险信息、从消费者手中召回危险产品。目前已有 30 个国家加入该系统,包括所有欧盟成员国以及三个欧洲经济区国家（冰岛共和国、列支敦士登公国和挪威）。

图 8.5 直观地显示在欧盟对全球的 RAPEX 通报案件中对华纺织品服装案件所占比重,2012 年之前是占比的上升阶段,2012 年对华纺织品服装案件的占比最高,达到 16.3%;2012 年之后占比逐年下降,2017 年占比仅为 4.8%。中国的纺织品服装无论从欧盟 RAPEX 通报案件的绝对数量还是从占比上考查,都显示出中国的纺织品服装的品质在不断提高。

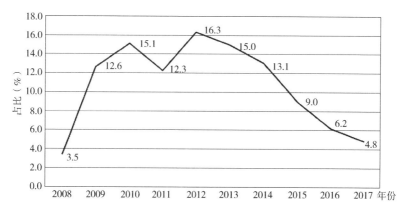

图 8.5　欧盟 RAPEX 通报案件中对华纺织品服装案件占比

资料来源:根据《2017/2018 中国纺织工业发展报告》数据进行计算得到

我国的大型纺织服装企业拥有中小型纺织服装企业无可比拟的技术或科技优势,再加上我国政府及相关部门对"三品"战略的推进,我国的纺织服装产业有能力发挥自己的技术优势提升产品技术含量和品质水平,因此需要充分发挥大型纺织服装企业的优势重构纺织业的科技优势,依靠科技维持市场和创造市场。

(2)中小型纺织服装企业策略:适当参与技术研发。

在我国纺织服装行业中,绝大部分企业都是中小企业,受困于自身实力不足,缺少资金进行技术研发。中小企业不可能像大型企业那样投入巨额资金进行技术研发,但是完全放弃技术研发会逐渐被市场抛弃,因此理性的中小型企业应该适当参与技术研发,技术研发不应该是面向科技含量很高端的研发,而应该主要面向提升产品能更专业、更精细、更具特色的研发。

8.2.2.2　品牌

2017 年下半年中国工信部、中国纺织工业联合会共同开展了服装家纺自主品牌建设情况调查。调查显示,我国 147 家品牌企业 2016 年平均主营业务收入 21.1 亿元,增长 6.8%;平均利润 1.8 亿元,增长 10.8%。KM H:CONNECT、MUstyle、UR 等国内快时尚品牌以新零售思维迅速扩张、大举开店,并开始向三四线城市下沉。全国专业市场共 627 个品牌,80% 以上的"中国服装成长型品牌"企业年销售额连续三年保持每年 10% 的增长率,远高于行业平均水平❶。

纺织品服装作为文化载体和时尚表达,虽然中国纺织品服装的品牌建设取得了一定的成绩,但中国纺织服装行业在国际市场的时尚话语权与品牌影响力亟待提升。品牌在海外市场的高认同度和高忠诚度代表产品的高附加值和高利润率,也代表出口的可持续性,因此品牌建设是非常有助于纺织服装业在海外市场的可持续发展。

(1)大型纺织服装企业策略:高度重视品牌培育。

通过品牌培育能让产品具有技术含量之外更高的附加值,同时才能得到海外市场的更多认可,从而维持海外市场。世界知名的服装品牌如 Zara、H&M、优衣库的成功给了我们最有力的证明和信心,这些品牌并非奢侈品品牌,而是服装快时尚领域的大众消费品品牌。根据中国纺织工业联合会的统计,现有的纺织企业中,多以定牌、贴牌为主,自主品牌只占 10% 左右。中国虽有 Lily、Vigoss、李宁等品牌在欧美市场开店,拉开中国企业进军国际市场的帷幕,但还未能成为国际上有足够影响力和认知度的品牌,因此附加值还偏低。以高端女装为例,品牌的培养是长期的系统工程,需要持续的投入和积累以及经受市场竞争的残酷考验,培养一个品牌至少要 3~5 年的时间,纵观欧美顶级女装品牌,无不经历了几十年甚至上百年的积淀和培育。因此,对于高端女装的新进入者而

---

❶ 中国纺织工业联合会 . 2017/2018 中国纺织工业发展报告[M].北京:中国纺织出版社,2018.

言,品牌是需要逾越的重要壁垒。作为国内的大型纺织服装企业,以技术为支撑的它们具有培育国际品牌的潜力,因此国际品牌的培育应该是这类企业的任务和方向之一。

(2)中小型纺织服装企业策略:从长远的战略目光重视品牌培育。

品牌对于中小纺织服装企业同样重要,但是由于品牌的培育需要大量的资金、技术和相关的专业人员进行支撑,而且这种支撑是持续性的。中小企业在品牌培育方面由于不能在短期内马上实施,因此需要有品牌培育的长远规划,尽量做好品牌培育的前期规划和调研。

特别要指出,由于面对的是海外市场,因此大型企业和中小型企业需要培育的均是国际品牌,而非纯粹的国内品牌,而一个国际品牌常常是与该国在国际上的经济地位、政治地位相匹配的,因此在中国的经济、政治地位还未达到足够高度之前,国际品牌的成功培育会是一件非常困难的事,而且会有很长的一段路要走。

8.2.2.3　价格

2017年中国纺织服装行业出口金额的正增长主要来自数量增长贡献,而非价格增长贡献。与2016年相比,其中出口金额同比上升1.6%、出口数量同比上升7.3%、出口单价同比下降5.3%。虽然纺织品服装出口价格整体有所下降,但其中有部分产品仍呈现量价齐升的状况(表8.3)。例如,梭织女大衣和梭织女式羽绒服价格同比分别上涨4.4%和0.8%,出口数量不仅没有下降,反而均达到两位数的增长幅度,分别为24.5%和15.9%;涤纶长丝的价格同比上涨13.7%,出口数量同比增长3.3%。这表明我国纺织服装行业在工艺较复杂、批量小、周期短的服装上以及高品质的纤维材料上具有较强的国际竞争力和不可替代性❶。

---

❶　中国纺织工业联合会.2017/2018中国纺织工业发展报告[M].北京:中国纺织出版社,2018.

表8.3　2017年中国纺织品服装出口量价变动情况

产品名称	出口单价同比(%)	出口数量同比(%)	出口金额同比(%)
纺织品服装	-5.3	7.3	1.6
机织女大衣	4.4	24.5	30.0
机织女式羽绒服	0.8	15.9	16.9
涤纶长丝	13.7	3.3	17.1

资料来源:中国海关

利润和成本是每个企业极为关注的核心内容。靠传统较低价格的代工产品保住市场的困难会越来越大,而且利润会越来越薄,这是大型纺织服装企业和中小型纺织服装企业均面临的严峻局面。央视财经在2017年曾对浙江诸暨市枫桥镇的纺织服装企业的生存状况进行过报道,其中详细介绍过诸暨市枫桥镇浙江开尔制衣的服装代工利润状况。这家做外贸代工的服装企业表示,为了维持生产,某种男士西服的利润已经见底了。这种西服以前做代工可以挣到30~40元,现在是保本。这种普通的毛料西服在英国市场零售价格为150欧元,折合人民币约1120元。但是,每件西服的代工出口价格只有470元,并且这个价格十年来一直没有变动。从470元的成本费用来看,毛料主料要花300元(占比64%),纽扣等辅料、包装、物流等花销由原来的30元上升到现在的60元(占比13%);水电气等动力能源支出由原来的2~3元上升到现在的10元(占比2%);增值税及附加为25.85元(占比5.5%),机器设备折旧及维修保养支出5元(占比1%);劳动力成本支出由原来的20元上升到现在的50~60元(占比13%);土地相关费用支出由原来的3元上升到现在的10元(占比2%左右);加上贷款融资的成本,生产企业已经没有利润可剩了(利润0)。出口价格是比较稳定的,现在由于工厂成本增加,三四十元就被工资费用等其他项目抵消掉了❶。

在纺织服装市场上,价格竞争将是一个永恒的竞争点,但大型纺织服装企业与中小型纺织服装企业在价格策略上应有所差异。

---

❶ 中国服装网.服装制造业正经历成本之困 一件出口西服零利润[EB/OL]. http://news.efu.com.cn/newsview-1221129-1.html,2017-03-09.

(1)大型纺织服装企业策略:适当弱化价格竞争。

大型纺织服装企业需要适当弱化价格竞争,但不能完全放弃价格竞争。大型纺织服装企业的各种成本常常会高于中小型纺织服装企业,这种更高的成本主要来源于更好更先进的设备、更高的工人工资、更高的管理费用、更规范的五险一金的支出、更多的技术研发等方面。大型纺织服装企业在价格上的优势不如中小型纺织服装企业,且由于该类企业的规模大、产量大,因此对海外市场的出口规模较大,如果对价格竞争过于依赖则容易导致进口国对中国的产品发起反倾销,一旦发起反倾销,涉案企业的损失将远大于收益,因此大型纺织服装企业需要更多地依靠产品的品质和品牌带来的竞争力去争夺市场,适当弱化价格竞争,否则利润会荡然无存。

(2)中小型纺织服装企业策略:以价格优势为基础。

中小型纺织服装企业由于在产品品质、技术、品牌培育、销售渠道等方面均弱于大型纺织服装企业,且管理费用、设备投入、技术研发、员工培训、员工福利等方面的支出远低于大型纺织服装企业,因此这类企业的各种成本总体上会低于大型纺织服装企业。另外,中小型纺织服装企业的产品与大型纺织服装企业的产品相比较,其产品品质总体上要低一些,因此在海外市场上中小企业的竞争力就主要体现为价格竞争力。如果将价格竞争放弃,那么中小企业会完全无生存机会,因此这类企业参与海外市场的竞争需要以价格竞争为基础。

当然,中小纺织服装企业在进行价格竞争时,也存在被进口国发起反倾销的风险,但由于中小纺织服装企业的规模小、产量小,因此在海外市场占出口规模不大,引起进口国发起反倾销的风险相对较低,因此该类企业以其优势为基础进行海外扩张时,需要注意这种价格竞争不能演化为无序的价格战。

8.3　小结

纺织服装业是我国传统的支柱产业,提供了大量就业岗位和数千亿的收入,为农村农民的脱贫增收做出了重要贡献。该行业不仅在扩张内需、繁荣国内市场方面发挥着不可替代的作用,而且在平衡国际收支、外汇积累和利用国际市场方面同样具有不可忽视的战略意义。中国纺织服装业作为劳动密集型行业和成本敏感型行业，由于我国工资水平、人力社保、福利等方面的提升，该行业面临人力成本持续上涨，且行业总体利润率不高的局面。中国纺织品服装出口虽然在全球排名第一位，但是面临国际贸易环境恶化和贸易摩擦严重的市场环境，该行业对海外市场有较高的依存度，因此中国要由纺织服装大国建设成为纺织服装强国，仍需广阔的海外市场作为支撑。我们需要认识到，中国纺织服装企业海外市场的扩张虽然主要依赖于技术、品牌、价格这三个方面，但是我国大型纺织服装企业和中小纺织服装企业由于本身存在较大的差异，因此采用趋同的海外扩张策略不可取，理性的海外扩张策略应是差异化的。中国要实现由纺织大国建成纺织强国的目标仍需不断努力。

参考文献

[1] Aggarwal A. Macro Economic Determinants of Antidumping: A Comparative Analysis of Developed and Developing Countries [J]. World Development, 2004, 32(6): 1043-1057.

[2] Asche F. Testing the effect of an anti-dumping duty: the US salmon market[J]. Empirical Economics, 2001(26): 343-355.

[3] Bain J. Relation of Profit to Industry Concentration—American Manufacturing 1936—1940[J]. Quarterly Journal of Economics,1951(4):293-324.

[4] Bain J S. Barriers to Mew Competition[M]. Cambridge:Harvard University Press,1956.

[5] Baker J B, Bresnahan T F. Estimating the Residual Demand Curve Facing a Single Firm [J]. International Journal of Industrial Organization,1988(6):283-300.

[6] Balassa B. Trade Liberalization and "Revealed" Comparative Advantage [J]. Manchester School, 1965, 33(2):99-123.

[7] Diego Garlaschelli, Maria I. Loffredo. Structure and evolution of the world trade network [J]. Physical A: Statistical Mechanics and its Applications, 2005, 355(1):138-144.

[8] Ehrlich P R,Raven P H. Butterflies and Plants:A Study in Coevolution [J]. Evolution,1964,18(4):586-608.

[9] Hall Robert E,Blanchard Oliver J, Hubbard R G. Market Structure and Macroeconomic Fluctuations[J]. Brookings Paper on Economic Activity,1986(2): 285-338.

[10] Harrison Ann. The New Trade Protection: Price Effect of Antidumping and Countervailing Duty Measures in the United States[R]. World Bank Working Paper, 1991.

[11] Helpman Krugman P. Trade policy and market structure[M]. Cambridge, MA:M IT Press,1989.

[12] Jae Woo Lee, et al. Applications of Complex Networks on Analysis of World Trade Network[J]. Journal of Physics: Conference Series,2013, 410(1): 156-170.

[13] James E Rauch. Networks versus markets in international trade[J]. Journal of International Economics, 1999, 48(1):7-35.

[14] James, William E. The Rise of Anti-dumping: Does Regionalism Promote Administered Protection? [J]. Asian-Pacific Economic Literature, 2000, 14 (2): 14-26.

[15] Jones K. Does NAFTA (North American Free Trade Agreement) Chapter 19 make a difference? Dispute settlement and the incentive structure of U.S./Canada unfair trade petitions [J]. Contemporary Economic Policy,2000,18(2):145-158.

[16] KONINGS J, VANDENBUSSCHE H, SPRINGAEL L. Import Diversion Under European Antidumping Policy[J]. Journal of Industry, Competition and Trade, 2001,1(3):283-299.

[17] M. E. Poter. Competitive Strategy: techniques for Analyzing Industries and Competitor [M]. New York: Free Press, 1980.

[18] MASSIMO B. Time series analysis of market power: evidence from G-7 manufacturing [J]. International Journal of Industrial Organization, 1997,15(1): 123-136.

[19] Norgaard R B. Environmental Economies: An Evolutionary Critique and Plea for Pluralism[J]. Journal of Environmental Economies and Management,1985, 12(4):382-394.

［20］Pinelopi Koujianou Goldberg, Michael M Knetter. Measuring the Intensity of Competition in Export Markets［J］. Journal of International Economics，1999，47（1）：27-60.

［21］Sergio deNardis, Cristina Pensa. How Intense is Competition in International Markets of Traditional Goods? The Case of Italian Exporters［R］. Lsae Working Paper，2004.

［22］Utton Michael A. Market Dominance and Antitrust Policy［M］. Aldershot：Edward Elgar，1995.

［23］陈银飞.2000～2009年世界贸易格局的社会网络分析［J］.国际贸易问题，2011（11）：31-42.

［24］程宝栋.中国木材产业成长：比较优势与竞争优势［J］.国际贸易，2010（12）：28-31.

［25］窦建华,孟雪.波士顿矩阵在对外贸易方向及利益分析中的运用［J］.科学与管理，2009（3）：13-16.

［26］黄先海,陈晓华.浙江企业国际市场势力的测度与分析：以纺织服装业为例［J］.浙江社会科学，2007（6）：41-46.

［27］黄信灶,行金玲.波士顿矩阵在区域产业选择中的应用［J］.经济研究导刊，2008（2）：158-159.

［28］金碚,吕铁,李晓华.关于产业结构调整几个问题的探讨［J］.经济学动态，2010（8）：14-20.

［29］金碚.中国工业国际竞争力：理论、方法与实证研究［M］.北京：经济管理出版社，1997.

［30］李钢,董敏杰,金碚.比较优势与竞争优势是对立的吗：基于中国制造业的实证研究［J］.财贸经济，2009（9）：95-101.

［31］李坤望,王孝松.申诉者政治势力与美国对华反倾销的歧视性：美国对华反倾销裁定影响因素的经验分析［J］.世界经济，2008（6）：3-16.

［32］林毅夫.发展战略、自生能力和经济收敛［J］.经济学（季刊），2002

（2）:269-300.

[33] 刘爱东,罗文兵.基于 citespace Ⅱ 的国际反倾销研究的主要聚类分析[J].中南大学学报(社会科学版),2014(1):1-6.

[34] 刘宝全,段文奇.季建华.权重国际贸易网络的结构分析[J].上海交通大学学报,2007(2):1959-1963.

[35] 孟庆松,韩文秀,金锐.科技:经济系统协调模型研究[J].天津师范大学学报(自然科学版),1998(4):8-12.

[36] 孟庆松,韩文秀.复合系统整体协调度模型研究[J].河北师范大学学报(自然科学版),1999(2):177-179.

[37] 彭羽.我国企业对欧盟反倾销规避措施的有效性分析[J].中央财经大学学报,2009(1):72-76.

[38] 齐俊妍,孙倩.中国遭遇反倾销与对外反倾销贸易效应比较分析[J].财贸经济,2014(7):95-106,81.

[39] 邱蔻华.管理决策与应用熵学[M].北京:机械工业出版社,2002.

[40] 沈国兵.美国对中国反倾销的宏观决定因素及其影响效应[J].世界经济,2007(11):11-23.

[41] 唐育杰.基于改进波士顿矩阵的区域产业分析:以洛阳市六大支柱产业为例[J].商情,2009(28):67-68,71.

[42] 万方,杨友孝.反倾销指向网络的结构及成因:来自社会网络分析的解释[J].财经研究,2013(11):102-111.

[43] 汪云林,李丁,付允.主要经济体间国际贸易的社会网络分析[J].电子科技大学学报(社科版),2007,9(3):9-12.

[44] 王双.波士顿矩阵的应用[J].企业改革与管理,2001(8):30-31.

[45] 文嫣,曾刚.嵌入全球价值链的地方产业集群发展:地方建筑陶瓷产业集群研究[J].中国工业经济,2004(6):36-42.

[46] 邬关荣.加工贸易转型升级研究:以服装产业为例[M].北京:经济科学出版社,2007.

[47] 巫强,马野青,姚志敏.美国反倾销立案调查对我国上市公司影响的决定因素分析[J].国际贸易问题,2015(3):98-107.

[48] 吴宣润.服装业的零散性及克服零散的对策[J].经济论坛,2005(7):60-61.

[49] 吴勇民,纪玉山,吕永刚.技术进步与金融结构的协同演化研究:来自中国的经验证据[J].现代财经,2014(7):33-44.

[50] 奚俊芳,陈波.国外对华反倾销对中国出口企业生产率的影响:以美国对华反倾销为例[J].世界经济研究,2014(3):59-65.

[51] 谢国娥,周宜临.中印两国纺织品服装在欧美市场的竞争关系研究[J].国际贸易问题,2012(1):75-87.

[52] 谢建国.经济影响、政治分歧与制度摩擦:美国对华贸易反倾销实证研究[J].管理世界,2006(12):8-17,171.

[53] 人民网.经济转型有望催生新热点[EB/OL].http://finance.people.com.cn/money/n/2013/0305/c_218900-20676048.html,2013-03-05.com/fortune/2013-03/05/c_124415461.htm,2013-03-05.

[54] 徐丛春,宋维玲,李双建.基于波士顿矩阵的广东省海洋产业竞争力评价研究[J].特区经济,2011(2):35-37.

[55] 杨艳红.WTO制度、贸易不对称与国外对华反倾销:部分国家和地区对华反倾销调查的实证分析[J].数量经济技术经济研究,2009(2):102-111.

[56] 杨悦,何海燕,王宪良.进口反倾销行为对产业价格指数影响的实证研究:以钢铁行业为例[J].财贸研究,2007(6):59-66.

[57] 张勤,李海勇.入世以来我国在国际贸易中角色地位变化的实证研究:以社会网络分析为方法[J].财经研究,2012(10):78-89.

[58] 张小蒂,危华.中国服装对日本出口贸易的市场势力分析:以衬衫出口状况为例[J].国际贸易问题,2008(7):33-39.

[59] 张小蒂,朱勤.论全球价值链中我国企业创新与市场势力构建的良性互动[J].工业经济,2007(8):25-32.

[60] 张晔.论买方垄断势力下跨国公司对当地配套企业的纵向压榨[J].中国工业经济,2006(12):29-36.

[61] 张雨,戴翔.出口产品升级和市场多元化能够缓解我国贸易摩擦吗?[J].世界经济研究,2013(6):73-78.

[62] 中国纺织工业联合会.2012/2013中国纺织工业发展报告[M].北京:中国纺织出版社,2013.

[63] 中国时尚品牌网.纺织企业的利润杀手:原料成本、人工成本、渠道成本[EB/OL]. http://www.chinasspp.com/News/detail/2012-1-10/109343.htm,2012-01-10.

[64] 中国新闻网.2012年劳动年龄人口减少345万,比重首次下降[EB/OL]. http://finance.chinanews.com/cj/2013/01-18/4499903.shtml,2013-01-18.

[65] 周灏,何柏元. Research of the International Market Power of China Textile and Apparel in USA Market[C]. Wuhan:Wuhan University of Technology Press,2016:320-324.

[66] 周灏,何柏元.我国纺织服装的市场势力与市场选择问题[J].当代经济,2015(12):34-37.

[67] 周灏,万娇娜. Research in the Agglomeration Level of Textile Industry in Yangtze River Delta Region of China[C]. London:EDP Sciences:1-5.

[68] 周灏.产业安全视角下的反倾销与产业升级协同演化[J].北京理工大学学报(社会科学版),2017(4):84-90.

[69] 周灏.国外反倾销对我国纺织品服装出口价格影响的研究[J].价格理论与实践,2014(9):48-50.

[70] 周灏.基于博弈心理的对华纺织品服装反倾销价格效应研究[J].经济问题探索,2015(1):135-139.

[71] 周灏.中国产业安全的逻辑和路径研究:基于反倾销与产业升级的协同演化[J].社会科学,2018(1):29-36.

[72] 周灏.中国在世界反倾销中角色地位变化的社会网络分析[J].国际

贸易问题,2015(1):112-122.

[73] 周灏. Research on Differentiated Strategies of Technology,Brand,and Price in the Overseas Market Expansion:Based on China's Textile and Garment Enterprises on Different scales[J]. BIJ,2014(7):1766-1772.

[74] 周灏. 中国"非市场经济地位"问题及其对反倾销裁决的影响:基于美国对华反倾销裁决的实证分析[J]. 国际贸易问题,2011(9):95-105.

[75] 朱勤. 我国电子信息业的国际市场势力:一个实证分析[J]. 国际贸易问题,2009(2):41-47.

[76] 朱钟棣,鲍晓华. 反倾销措施对产业的关联影响:反倾销税价格效应的投入产出分析[J]. 经济研究,2004(1):83-92.